JN439498

김은성 수필집

두 번 피는 꽃

두 번 피는 꽃

김은성 수필집

1판 1쇄 인쇄/ 2013년 7월 15일
1판 1쇄 발행/ 2013년 7월 20일

지은이 / 김 은 성
펴낸이 / 우 희 정
펴낸곳 / 도서출판 소소리

등록 / 제300-2007-21호
주소 110-521 서울 종로구 혜화로 35길(명륜1가 33-90)
경주이씨 중앙회빌딩 302-1호
전화 / 765-5663, 766-5663(Fax)
e-mail: sosori39@hanmail.net
www.sosori.net

값 10,000 원

*잘못된 책은 바꿔드립니다.

ISBN 978-89-97294-40-4 03810

두 번 피는 꽃

김은성 수필집

책을 내면서

목화는 무궁화과에 속한 초목으로 일 년에 두 번씩이나 꽃을 피운다.

한 번은 흰색과 분홍색의 예쁜 꽃으로 피고, 또 한 번은 8, 9월에 백설같이 눈부신 솜꽃으로 핀다. 그 솜은 피륙이나 실의 원료로도 쓰이고, 또한 그 씨는 짜서 면실유로 귀히 쓰인다. 하나도 버릴 것이 없는 유용한 존재다. 해서인가, 나는 어릴 때부터 목화를 좋아했다. 보는 꽃이나 먹는 다래나 입는 솜으로서만이 아니다. 두 번씩이나 피는 그 줄기찬 끈기, 또한 꽃으로 피고 솜으로 피어 유익함을 주는 고마움 때문이었다.

목화를 좋아해서인가, 나도 예외 아니게 두 번씩이나 축복을 누리며 살고 있다. 15년 전의 일이다. 고향에 볼 일이 있어 차를 타고 가다가 큰 교통사고를 당했다. 장 파열이란 엄청난 부상이었다. 충남대병원에서 수술, 또 수술…. 두 달 만에 서울대학병원에 다시 입원을 했다. 워낙 깊은 상처라 정상인이 되기는 어렵다고들 했다. 하지만 기적이 일었다. 입원 4개월 만에 병상에서 일어나 걸어서 퇴원을 했으니…. 축복이다. 아니, 하늘에 계신 절대자인 그분만이 내리는, 그야말로 하늘같은 첫 번째 은혜였다. 또 있다. 문학이다. 젊지 않은 인생후반에 출발은 했지만 글을 쓰는 수필문학인으로 오늘을 살고 있으니 이 또한 축복이 아닌가. 두 번째 누리는 은혜이다. 감사, 또 감사할 일이다.

이렇듯 은혜롭게 살면서, 고마움을 느낄 때마다 그 소회를 짧게 짧게 써서 모아두었다. 여기 한 권의 책으로 묶으려고 하니 부끄럽다. 수필과 수필문학의 차이가 '감동(感動)'에 있음을 잘 아는 내가 서둘러 책을 내게 되어 그 또한 송구스럽다. 그러니, 독자 여러분의 애정 어린 눈으로, 두 번 사는 사람의 감사하는 마음뿐인 것으로 이해하며 읽어주시길 바랄 뿐이다.

지도해주신 교수님과 출판해 주신 소소리 사장님께 감사드린다. 아울러 멀리서 가까이서 힘을 보태준 남편과 자식들에게도 고마운 마음을 전한다.

2013년 여름

은성 김강자

▷ 차 례

1. 나의 삶, 나의 수필

2. 살아서 부활

3. 두 번 피는 꽃

4. 언덕 위에 하얀 집

1.

나의 삶, 나의 수필

뜨개질

연두색과 아이보리색으로 사방 10cm로 무늬를 넣어 코바늘 뜨개질해서 지그재그로 연결한 밥상보다. 오늘 세탁을 하려니 삼남매 기를 때 함께 살았던, 단발머리 경주가 생각난다.

지금 이 밥상보는 경주가 뜬 것이다. 큰딸애가 초등학교 1학년 때니까 30년이 지난 것 같다. 이렇게 오래된 것을 가지고 있다니, 쓸 만하면 과감히 버리지 못한다. 안 입는 옷 같은 것을 쓰레기통에 버려본 적이 없다. 시골에 보내고 2~3년 지난 뒤 고향에 가보면 어른 애 할 것 없이 잘 입고 있었다.

요즈음은 농기구도 기계화되고 특수작물을 재배하여 식량 걱정은 안 하는 것 같지만, 70년대만 해도 농촌에서는 한 식구 입이라도 덜려고 열댓 살 먹은 딸아이들을 서울에 남의집살이를 보내곤 했었다. 우리 집에도 그런 사정의 아이들이 여러 명 거쳐 갔다. 그중에 친척 동생인 경주는 뜨개질 하는 것을 좋아하였다. 경주가 뜬 밥상보는 30여 년 동안 이사를 여러 번 했어도 따라다니며 주방 한 구석 전자레인지 위에나 쌀통 위에 덮어져 은은한 빛을 내고 있다.

경주는 고아원에 동생과 함께 맡겨졌었는데, 동생은 혼자 나가 소식이 없으니, 어린것이 동생과 부모가 보고 싶으면 뜨개질을 하며 눈물콧물을 삼키고 마음을 달랬는가 생각하면 마음이 아팠다. 초등학교 졸업하고 남의 집 수양딸로 갔는데 나의 친정어머니가 데려왔다. 처음에는 고집이 세어 심부름도 자기가 하고 싶어야 했었다.

뜨개질은 대바늘 네 개 가지고 뜨는 것과 코바늘 하나 가지고 뜨는 손뜨개가 있다. 코바늘뜨기는 오른손에 바늘을 잡고 왼손 검지에 실을 감아 풀어가며 뜨는 것이다. 겨울 스웨터나 조끼 같은 것은 대바늘 네 개 가지고 많이들 뜬다. 한 코라도 잘못 뜨면 무늬가 망가져 실을 풀어 다시 떠야만했었다. 허지만, 인생사는 발 한 번 잘못 들여놓으면 망가진 인생을 되돌릴 수 없다. 뜨개질을 잘해서 하나의 작품을 완성하듯이, 우리가 사는 것도 조심스럽게 고난을 참아가며 열심히 살다보면 후회 없는 삶이 된다.

70년대는 도시가스 같은 난방시설이나 섬유계통 옷이 많이 발달하지 못해서인지 뜨개질한 옷이 유행이었다. 솜씨 좋은 부인들은 자기 스웨터를 파는 것보다 더 멋있게 뜨개질해 입었다. 남자들도 상의 양복 속에 뜨개질한 조끼를 입고 다녔다. 나는 남자들의 앞가슴을 슬쩍 슬쩍 눈여겨보며 색상과 무늬 모양을 보고 그 부인의 솜씨를 생각했었다.

남편 조끼를 내 손으로 정성들여 하나 뜨고 싶었지만, 자신이 없었다. 그래도 이웃집 아주머니 도움을 받아 제일 좋은 순모 털실 커피색으로 뜨개질하는 것을 본 남편은 좋아하는 눈치였다. 오랫동안 만지작거리는 것을 보더니, "내 환갑 때나 입게 되겠네." 하는 것이었다. 사십대 초반이었는데, 얼마나 웃었는지. 잘 맞게 조끼를 완성해 주었다. 몇 번 입더니 둔하다고 입지 않았다. 그래도 뜨개질한 정성이 아까워 지금까지 장롱 속에 보관되어있다. 지금은 가볍고 따뜻한 옷들이 많으니 언제 입게 될는지….

여자들은 시간만 있으면 실꾸리를 손에 들고 다녔다. 이웃집에 갈 때나 장거리 여행할 때도 차 안에서 뜨개질을 해도 흉이 아니었다. 독서삼매에 빠져 시간가는 줄 모르듯이, 완성하려고 정신이 없었다. 한겨울 외풍이 센 방에서도 시린 손가락을 호호 불며 뜨개질을 했었다. 가끔은 이웃집에 모여 연탄아궁이를 열어놓아 따뜻한 이불 속에 발을 넣고, 삶은 고구마도 나누어 먹으며 재미있는 이야기와 속상한 말을 하다보면 실타래처럼 마음이 풀렸다.

이렇듯 그때의 어머니들은 가난을 삼키며 뜨개질하면서 인내하고 참아냈다. 월남간 아들의 무사귀환을 기원하며, 밖에 나가 직장과 일터에서 식솔들을 책임지고 돈 버는 남편을 생각하며, 연로하신 부모님 감기 걱정하며 부지런히 뜨개질을 하였다. 떨어진 스웨터는 풀어 다시 뜬다. 실이 구불구불 한 것을 펴기 위해 주전자에 물을 끓이면서 뚜껑을 열어 김을 쏘이며 통과하면 반반하게 된다. 배색이 잘 되는 새 실을 한 가닥 섞어 뜨개질하면 새 옷이 되었다.

뜨개질해서 선물도 많이들 했다. 받는 사람의 몸 사이즈나 취향을 생각하고 감사한 마음과 사랑하는 마음으로 실오라기 하나하나를 엮었다. 연인들은 목도리를 뜨개질해 사랑의 증표로 주기도 했었다. 돈으로만 해결하는 것보다 뜨개질 선물은 사랑과 정성이었다.

'현숙한 여인은 손으로 실꾸리를 들고 손가락으로 잡으며, 그 집사람들은 다홍색 옷을 입으므로 눈이 와도 두렵지 않다.(잠언 31:19-22)'란 성경 구절도 있다. 척박한 땅, 2000년 전 이스라엘 여인들도 가족들 위해 뜨개질을 했나 보다. 목축업이 생활 수단이었으니까 양털로 뜨개질 했을 것이다.

척박한 시골에서 태어난 경주도 예외는 아니었다. 입 하나 덜기 위해 서울로 보내졌던 아이는 성장하여 처녀가 되었다.

결혼하여 어느덧 엄마가 되었다. 지금은 어엿한 농기구 제작 회사의 사모님이 되었다. 모두가 그 뜨개질 덕분이 아니었나 싶다. 고마운 뜨개질이다.

해서 나는 강산이 세 번 변할 만한 세월이 흘렀어도, 색상이 변했어도 경주가 뜬 밥상보를 버리지 못한다. 언제까지나 주방 전자레인지 위에 놓아두고 볼 생각이다.

은행나무

빌딩 숲 사이로 오후 따뜻한 햇볕이 들어와 여리디여린 연두색 은행잎이 더욱 아름답다. 어린 잎사귀는 바람이 불면 어린아이 해맑은 웃음 같다. 3, 4일 전만해도 실눈을 뜬 것 같더니 이제는 제법 잎사귀의 모양새를 갖추었다.

지구 온난화 탓인지, 때 이른 봄이 오는 것 같아 외투를 벗은 지 며칠 안 되었는데 여름옷을 입어야 할 것 같다. 성급한 사람들은 벌써 반팔을 입고 나왔다. 요즈음은 봄, 가을 옷을 입을 겨를이 없다.

그런데 은행나무는 언제나 정확히 사계절을 바꾸어 가며 옷을 갈아입는다. 봄에는 연두색, 여름에는 진초록 옷을 입는다. 가을에는 황금색과 알맹이 장신구를 주렁주렁 달고 있다. 은행나무는 암컷과 수컷이 멀리서라도 보고 있어야 열매를 맺는다. 아득한 옛날 종문과 미단이라는 남녀가 비운의 사랑을 나누다가 죽은 후에 은행나무로 환생했다 해서 사랑의 상징 나무라고 불렀다.

가을에는 바람이 시샘하여 가지를 마구 흔들면 통통한 알맹이를 떨어뜨린다. 귀한 은행 알을 보고 사람들이 비닐봉지에 주워 담다가도 구린내 때문에 얼굴을 찡그린다. 하지만 이는 열매를 보호하여 종족을 보전하기 위해서 지독한 냄새를 풍기는 것이다. 나도 떨어진 열매를 가져다가 며칠 삭힌 후에 고무장갑을 끼고 문질러 씻었다. 뽀얗게 각이 진 은행 알을 보고 좋아 했었는데, 그만 옻이 올라 병원을 다니며 고생을 했었다. 귀한 것을 가지려면 그만한 대가를 치러야 하는가 보다.

어느 날 밤에는 누군가가 열매를 다 털어갔다. 그래도 좌절하지 않고 제 사명을 다한 듯 묵묵히 서 있다. 까맣게 맨 몸으로 잎사귀 하나 없이 다 털어 버린다. 겨우내 사나운 눈보라가 사정없이 몰아쳐도 의연하게 서서 참아낸다. 다가올 봄을 기다리면서….

은행잎을 주워다가 집 안에 두면 그때부터 바퀴벌레가 없어진다고 한다. 우리 선조들은 장롱 속에 은행잎을 끼워 넣어 좀먹는 것을 막았다고 한다. 또 은행잎은 혈액 개선제로 쓰였으며, 은행 알은 기관지 천식에 좋다고 한다. 은행에서 추출한

주원료로 만든 약도 있다. 나무는 고급 목재로 쓰인다. 이렇게 우리 인간에게 필요에 따라 남김없이 다 준다. 자신을 희생하며 아낌없이 주는 게 보람이며 책임인가 보다. 만물의 영장인 인간도 인류 이전 창세기 이후 빙하기 때부터 생존한 은행나무에게서 희생의 이치를 안 것 같다.

요즈음 우리네 이웃들도 자신의 생명이 끝날 때 장기를 다 내어주어 꺼져가는 생명이 다시 소생하는 일이 많다. 얼마 전 우리 교회에 고등학생이 갑자기 아파서 장기가 손상되었는데, 그때 이십대 초반의 간호사가 불의의 사고로 죽게 되어 젊은 장기를 이식받아 회생되었다는 소식을 들었다. 짧은 생을 마감한 간호사가 안타까웠다. 하지만 자신이 못다 한 삶을 다른 사람에게라도 주고 간다는 게 얼마나 훌륭한 일인가. 유족들에게도 머리 숙여 감사할 따름이다.

근래에 와서 수목장을 많이 하는데, 나도 이다음 한 줌의 재가 되어 은행나무 아래 뿌려지기를 바란다. 거름이 되어서라도 인간에게 유익이 되고 싶다. 살아생전 좋은 일을 많이 못 했으니 죽은 후에라도 은행나무에게 도움이 되고자한다. 은행나무는 사계절 다 아름답다. 강인한 체질과 방어력으로 병들지 않고 건재한다. 귀족 나무다.

은행나무는 중국이 원산지이고, 유교와 불교가 들어올 때 같이 들어왔다고 한다. 여러 종류가 있는데, 얼룩잎 은행나무,

실생묘(實生苗) 중에서 선발된 변종의 절엽 은행나무, 노랑 은행나무, 젖은 은행나무, 엽실 곧은 은행나무, 난쟁이 은행나무 등으로 알려져 있다.

우리나라 여러 곳에 천연기념물로 등재되어 있는 은행나무가 많다. 그중에서 용문사의 은행나무는 천연기념물 30호이다. 나이가 약 1,100살이나 되며 살아있는 화석이라 할 만큼 오래되었다. 신라 마지막 경순왕 때 마의태자가 금강산에 가다가 지팡이를 꽂아놓고 간 것이 싹이 났다고도 하며 의상대사가 꽂은 나무라는 전설도 있다. 또 전라도 담양 봉안리에 있는 은행나무는 나라에 변고가 있으려면 우는 소리를 낸다는 말도 있다. 영물이다.

은행나무는 병충해가 없다고 한다. 잎이 떨어질 때도 깨끗하게 떨어지는 것 같다. 그러고 보니, 학창 시절에는 은행잎을 주워 책갈피에 끼워 두고 친구에게 편지 보낼 때 넣어 보낸 일이 생각난다. 가을에 오색 단풍이 드는데, 은행나무만 황금색 옷을 입고서 화사하니 서 있다. 그래서 자연과도 조화를 이루어 더욱 아름답다.

모든 만물이 세월의 풍상을 겪다 보면 퇴색하고 공해에 오염되기 마련인데, 은행나무만은 스스로 내구성이 있어 강인한 체질과 방어력으로 병들지 않는다. 그래서 나는 은행나무를 좋아한다. 아니 사랑한다.

고운 손 미운 손

감색 매니큐어를 바른 나의 손은 아무리 보아도 볼품이 없습니다. 쭈글쭈글 한 피부 위로 튀어나온 혈관이 푸르스름하니 보입니다.

문학기행을 1박 2일로 가게 되어 미운 손이 고운 손이 될까 해서 매니큐어를 발라 보았습니다. 심부름꾼이던 손이 호사를 한 것이지요. 손은 어떤 주인을 만나는가에 따라 그 사명이 달라집니다. 병을 치유하는 인술(仁術)의 손이 있는가 하면 파괴와 살생을 일삼는 잔인한 손도 있습니다. 기왕이면 좋은 손을 갖고 싶습니다. 아름답고 우아하고 겸손한 손 말입니다.

어느 가정이나 주부는 그 집에서 없어서는 안 될 손입니다. 아이들 키우면서 빨래하고 청소하고 요리하고 모든 것을 관리

합니다. 그러다보면 손은 엉망이 되고 말지요. 손가락 마디가 굵어지고 손등이 까칠까칠하니 거칠어집니다.

그래서 여러 사람이 모이는데 가게 되어 감색 매니큐어를 바르고 보니 무심하게 여겼던 손으로 눈길이 자주 갔습니다. 마치 감이 손에 주렁주렁 달린 것 같았어요. 추수가 끝난 들녘, 감나무에 벌건 감이 매달려있는 풍경이 연상 되어 혼자 슬그머니 웃었습니다. 외갓집 마을에….

어릴 때 시골에 있는 외가에 가면 외할머니가 거칠고 쭈글쭈글한 손으로 내 머리를 쓰다듬고 맛있는 간식도 해주셨습니다. 그 따뜻한 손길을 잊을 수가 없습니다. 옛날에는 지금같이 간식거리가 없을 때라 떡을 해주셨습니다. 물에 불린 쌀을 소쿠리에 담아 물기를 빼고 절구통에 넣어 절구대로 콩닥 콩닥 찧어서 고운 체로 치면 하얀 떡가루가 눈 내리듯이 소복이 쌓였어요. 가루를 떡시루에 담아 편을 붙이고 장작불을 때면 구수한 냄새가 침을 꼴딱 꼴딱 삼키게 하였습니다.

또 외할머니가 냇가에 빨래하러 갈 때 춥다고 못 따라오게 해도 나는 끝내 따라갔습니다. 얼음이 언 것을 빨랫방망이로 깨트리고 함지박에 뜨거운 물로 담가온 빨래를 반듯한 돌 위에 놓고 거무스름한 비누를 발라 고무장갑도 안 낀 손으로 빨았습니다. 그때는 가루비누가 없었으니까요. 할머니의 손은 벌겋게

얼은 것 같고 터져서 피가 나는 것도 같았습니다.

그런 험한 손이지만, 배가 아프다면 할머니 손은 약손이라며 문질러 주면 이상하게도 나았습니다. 또 베틀을 방에 놓고 길쌈을 해서 무명으로 따뜻하게 옷도 해주셨습니다. 베틀에 앉아 실오라기 한 올 한 올을 손으로 짜서 물감을 들여 저고리와 통치마를 해주시고 고쟁이(속바지)도 만들어 주셨지요. 현재는 섬유가 발달하여 예쁜 양장 옷이 많지만, 옛날 할머님들은 모든 것을 손으로 만들었습니다. 할머니 손은 그래서 고운 손입니다.

그런데 손에는 고운 손도 있고 미운 손도 있습니다. 손으로 김밥을 말아 팔아서 쓰지 않고 저축하여 생활이 어려운 학생들에게 장학금을 내놓은 고운 손이 있습니다. 또 삯바느질해서 대학에 거금을 선뜻 내놓은 할머니의 손 또한 고운손입니다.

그리고 인도의 성녀 테레사 수녀(1910~1997)의 손은 깡마르고 굳은살 박이고 갈고리 같은 손이라도 고운 손입니다. 나병환자의 환부를 어루만지고 고통 속에 있는 이와 아픔을 나누며 평생을 남을 위해 봉사한 위대한 손이고 고운 손입니다.

조각가 로댕(1840-1917)을 '신의 손을 지닌 인간'이라고 불렀습니다. '창조주의 두 손을 빌려와 창조주의 두 손을 창조한 사람'이라고 했습니다. 인간의 한계를 뛰어 넘었다는 것이지요. 대표작인 「생각하는 사람」은 인간의 고뇌하는 모습을 조각한 것입니다. 우리나라에도 손가락 장애가 있는 어린 소녀가 유명한 피아니스트가 되었다는 것을 텔레비전을 통해 보았습니다.

그러나 미운 손도 있습니다. 사람을 해치며 도적질하는 손, 불의한 뇌물을 받는 손, 도박에 손을 떼지 못해 하루아침에 패가망신하는 손도 있습니다. 이런 손은 미운 손입니다. 내 손은 외관상으로는 미운 손이지만, 60평생을 같이 살아오며 한 번도 내 명령을 거역한 적이 없는 고운 손입니다. 어쨌거나 고운 손도 내 손이요, 미운 손도 내 손입니다. 한 번도 내 명령에 거역한 적이 없는 고마운 손입니다.

때론 손가락에 반지를 이것저것 끼었지만, 내 자신을 치장하기 위한 것이었지 손만을 위한 것이 아니었습니다. 우리 신체 중에 귀하지 않은 것이 없지요, 그중에서도 손이야말로 참 중요하지요. 더러운 곳도 손이 가야 닦아냅니다. 요즈음 같은 디지털 세상도 손이 가야 전원 스위치를 켜고 컴퓨터 자판도 두드릴 수 있습니다.

반가운 사람을 만나면 악수를 합니다. 맨살로 스킨십을 하며 정을 느끼는 것이지요. 또 싸우고 화해를 할 때도 악수를 합니다. 사과를 한다는 뜻이겠지요. 그리고 언젠가 유명한 사람과 악수를 하기 위해 친구와 함께 줄을 서서 기다리던 생각이 납니다. 친구는 손을 주머니에 넣고 있었어요, 손을 따뜻하게 해서 악수 한다고 해서 웃음이 터져 나왔습니다.

또 주위에 있는 사람이 실망하여 좌절할 때, 손으로 만져주고 위로하며 등을 토닥거려 줍니다. 손은 남을 위로하고 봉사하며 순종하는 게 사명인 것 같습니다. 손이야말로 참 고마운 존재 귀한 존재입니다.

스텐 밥그릇

싱크장 속에 보관했던 스텐(스테인리스) 밥그릇을 꺼내보고 깜짝 놀랐다. 이렇게 큰 그릇에다 밥을 가득 담아서 먹었단 말인가. 웃음이 나왔다. 신혼 초부터 사용하던 그릇인데, 가볍고도 편한 새 그릇에 밀려나 쓰지 않아도 보관했던 것이다. 그러나 버리지 못하고 있었다.

요즈음 식당에서 사용하는 그릇과 비교해 보려고 옛날 스텐 밥그릇에 물을 부어 보았다. 거의 세 그릇이 들어간다. 옛날에는 손님이 오면, 밥을 수북이 담아주고, 일하는 장정에게는 꼭꼭 눌러 퍼주었다. 고봉밥이 밥그릇 높이와 비슷하니 5, 6배는 될 것이다. 그때는 간식거리가 흔하지 않아 먹는 것이라곤 세 끼 식사뿐이니 그럴 만도 하다.

스텐은 녹이 슬지 않으며 반들반들 윤이 나고 다루기가 편하지만, 보온성도 뛰어나 밥을 담아 아랫목 이불 속에 두어 늦게 들어온 식구에게 따뜻한 밥을 줄 수 있었다. 오늘 스텐 밥그릇을 꺼내보게 된 것은 92세 된 이웃 할아버지 때문이다. 나이가 많이 드셨지만, 깡마른 체구에 허리도 꼿꼿하며 퍽 건강한 분이다. 젊으셨을 때는 농촌에서 부지런히 농사지어 서울에 살고 있는 두 아들집으로 매년 쌀 열 가마씩을 부쳐 주었다고 하였다.

그런데 늙어서 기운이 쇠하고 할머니가 돌아가시자 농사일도 힘들어, 전답(田畓)을 다 팔아 1억을 가지고 서울로 올라와 두 아들에게 4천만 원씩 나누어주었단다. 나머지 2천만 원은 감추어 두었는데, 그 돈도 다 자식에게 빼앗겨 약 사먹을 돈도 없다며 한숨을 쉬셨다.

처음에는 작은아들과 함께 살았으나 미장원 나가는 며느리가 밥도 제대로 챙겨주지 않아서, 큰아들집으로 옮겨갔는데 큰며느리 역시 가게를 나가니 죽 한 공기를 할아버지 혼자 쓰는 밥통에 넣어놓고 나간다 했다. 스텐 그릇이 하나 있으면 물을 담아두어 따뜻하게 먹고 싶어 하셨다. 그래서 우리 집에 있는 것을 갖다드리기로 약속했다.

두 아들 며느리가 있어도 92세나 된 이웃 할아버지는 늘 외롭고 배가 고프시다. 농경사회 대가족 시대에는 한 집에 3, 4대가 함께 살며 노인을 공경했다. 보릿고개 때도 할아버지만 하얀 쌀밥을 해드렸다. 그런데 산업사회로 발전해가고 핵가족 제도가 되어 젊은 사람들은 경쟁 속에 맞벌이로 나가니 노인을 돌볼 시간이 없어 귀찮아하며 모시고 살지 않으려 한다. 평균 수명까지 길어졌으니 이들의 노후 생계가 걱정이 된다. 딱한 일이다.

가끔 TV를 보면 문명의 혜택을 받지 못한 부족들이 생활하는 것을 본다. 자연과 더불어 살며 나무 열매나 야생동물로 생활하다가 떠나야 될 때는 욕심 없이 남겨두고 간다. 이곳저곳으로 떠돌아다니지만, 해맑은 눈동자와 순박한 미소가 그들에게 있었다.

냉장고 대신 열무 김치통을 함지박 물에 담가두고 먹을 때가 부모에게 효(孝)를 하고 가족이 화목했던 것 같다. 지금은 삶의 질이 높아졌고 국민 1인당 GNP가 이만 불이 넘은 시대라지만, 적지 않은 사람들이 상대적 빈곤감을 느끼며 산다. 남보다 더 갖고 싶어 성공하려다가 계획한 대로 안 되면 우울증에 빠지고 신경쇠약에 잠 못 이루는 사람들이 어디 하나 둘인가.

어릴 때 밤중에 먹던 제삿밥은 꿀맛이었다. 지금은 저녁 6시만 되어도 살찐다고 안 먹는데, 제삿날은 잔칫날 같아서 할머니와 어머니는 아껴두었던 놋주발을 꺼내 지푸라기에 기와가루를 묻혀 반들반들 윤이 나도록 닦으셨다. 일제 강점기에는 그나마 놋쇠로 무기를 만든다고 왜놈들이 우리의 놋주발을 모두 빼앗아 갔다. 평탄치 않은 우리네 놋주발의 운명이다.

스텐 밥그릇을 꺼내 놓은 지 3일 후 할아버지가 오셔서 드렸더니 이젠 소용없다고 했다. 또 아들 며느리와 싸워서 도로 시골로 가기로 했다며 옷가지 등 쓰던 물건을 부치게 택배회사 전화번호 좀 알려 달라 하셨다. 나는 할아버지를 만류했다. 논도 집도 다 팔았는데 친척도 하루 이틀이지, 아들 며느리가 낫다고 했다. 그러자 할아버지는 "할머니나 한 사람 얻어 밥이나 해 달라 할 걸" 하며 땅이 꺼지게 한숨을 쉬었다. 뒤돌아 가는 할아버지 어깨가 천근인 듯 무겁게만 보였다.

지금은 소뼈가루로 구운 본차이나 도자기세트, 가볍고 안 깨지는 그릇, 예쁜 플라스틱 그릇이 많지만 60년대 스테인리스 그릇이 한창일 때는 할아버지 역시 젊은 나이에 희망과 꿈이 있었을 것이다. 그래서 열심히 농사지어 자식을 키우고 교육시켰는데, 장성하여 중년이 된 이기적인 두 아들에게 밀려났다. 쓸모없는 주발처럼 뒷전으로 밀려났으니 그 노후가 딱하고 안쓰럽다. 남의 일이 아닌 듯 가슴이 쓰리다.

노인에게서조차 쓸모가 없게 된 스텐 밥그릇이지만 나는 버리지 못하고 다시 제 있던 자리에 고이 모셔놓는다.

방심은 금물

며칠 전 뉴스를 보고 깜짝 놀랐다.

대전 모 병원에서 갑상선 환자와 위암 환자를 바꾸어 수술하는 의료사고가 발생했다는 소식이었다. 뒤늦게나마 병원에서 실수를 시인하며 잘라낸 위를 다시 복원해 주었다니 천만다행이다. 이 얼마나 황당한 일인가. 재수술을 해주었다지만 환자와 그 가족들의 심적 고통은 무엇으로 보상할 수 있을까.

나도 두 번이나 병원의 착각으로 해프닝을 경험했던 일을 생각하니 실소를 금할 수 없다. 사십대쯤 여의도에 있는 대학병원에서 X-레이를 찍게 되었다. 그때는 급식이 없어 중, 고등학생이었던 삼남매 도시락 일곱 개를 준비해주고, 온 식구가 훨훨 벗어놓은 껍데기들은 치우지도 못한 채 부랴부랴 갔다. 교통이 원활하지 못할 때라 가까스로 점심시간 전에 도착했다.

진찰을 받으니 3번방에 가 엑스레이를 찍으라고 했다. 1, 2번방은 환자들이 많이 있는데 3번방은 사람이 없고 촬영기사 혼자만 있었다. 가지고 간 차트를 건네주니 점심시간이 다 되었는데 왜 이런 환자를 보내는지 모른다며 구시렁거렸다. 혹시 애인과 점심 약속이라도 있나, 속으로 생각하며 "선생님 빨리 빨리 해주면 되잖아요." 했다.

"그럼 빨리 아래 옷 다 벗고 이 보자기로 가리고 저기 누우세요." 했다. 나는 급한 마음에 부끄러움도 참으며 옷을 다 벗고 기계 밑에 누웠다. 눈앞에 보이는 육중한 기계가 떨어져 내 몸을 눌러 버릴 것 같은 두려움을 느끼며 "선생님 저는 목이 아픈데 왜 배를 찍어야 하지요?" 했다. 차트를 다시 확인하더니 "아차, 글자를 잘못 보았어요." 하며 그제야 미안하다는 듯이 목소리를 느긋하니 "옷 입고 이리 오세요." 했다. 얼른 옷을 주워 입고 촬영기사가 가리키는 벽 쪽에 섰다. 내 얼굴을 붙잡고 뒤로 옆으로 돌려가며 여러 장의 사진을 찍었다.

병원을 나오니 정신이 들어 여의도의 파란 창공을 올려다보며 함박꽃 같은 웃음을 하늘 위로 한없이 날려 보냈다. 버스를 타고 집에 올 때도 터져 나오는 웃음을 참느라 애먹었지만, 스트레스가 확 풀려 병이 나을 것 같았다. 병이 난 원인도 전업주부의 막중한 책임 때문이었으니….

한 송이의 꽃을 피우기 위해 이파리와 뿌리의 역할 분담이 중요하다는 것을 알고는 있었지만, 나라는 존재는 없는 것 같았다. 가정이란 모든 식구들이 에너지를 재충전하는 곳이지만, 나는 충전은커녕 메말라 가는 것 같았다. 남편은 사업에 바빠 손님 접대한다는 핑계로 매일 술 마시고 밤늦게 들어오니 의심까지 했었다. 그래도 당좌수표 결제 날 자금이 안 돌면 내 힘이 닿는 데까지 손에 땀을 쥐고 뛰어다녀야 했다. 쌓인 스트레스를 풀 길이 없어 병이 난 것이었다.

목이 뻑뻑하고 부어올라 멍울이 생겼는데 목소리까지 쉬어 교회 성가대도 못하게 되었다. 혹시 후두암인가 하고 이 병원 저 병원 찾아다녔지만 병명이 나오지 않았다. 그래도 불안하여 여의도 대학병원을 찾아갔었다. 또 한 번은 오십견이 왔다. 그때 역시 총각무를 많이 샀는데 같이 다듬을 사람이 오지 않아 혼자 했다. 그 이후부터 왼쪽 팔이 결리고 등 뒤가 아프기 시작했다. 사람의 몸은 기계와 달라 쉬고 싶을 때는 쉬어야 하는가 보다. 한약방을 여러 군데 다니다 정형외과를 찾아갔다.

접수를 하고 순서 기다릴 때 옆에 중년쯤 된 부부가 다정스럽게 앉아 있었다. 내 나이 정도 보이는 사람인데, 증세가 비슷한 오십견이었다. 그런데 그 여자는 X-레이 찍은 결과가 나타나지 않는다며 엄살이라고 남편이 생각하겠다고 했다. 나는 목뼈 사이가 좁아져 신경을 눌러 아프다 했다. 속 시원히 원인을 알게 되어 정형외과에 잘 왔다고 생각했다. 증세는 내가 더 심한 것이었다.

우리 두 사람은 물리치료 받을 때도 같은 방 침대에 누워 있는데 그쪽 남편은 방까지 들어오려고 하니 간호사가 못 들어오게 했다. 그 여자는 남편이 지나치게 자상해 귀찮다고 했지만, 부럽기만 했다. 간단한 물리치료를 받은 뒤 나는 가라하고 그 사람은 다른 치료를 더 받아야 한다며 목에다 줄을 걸어 올렸다 내렸다 했다.

"간호사님 그 사람보다 내가 더 심해요. 내 이름이 김은성인데, 자세히 보세요." 했다. 간호사가 차트를 보더니 "큰일 날 뻔 했어요. 미안합니다." 하며 그 사람은 보내고 내 목에 줄을 달아 올렸다 내렸다 했다. 목뼈 사이를 넓혀 주는 치료였다.

집에 오면서 생각하니 기가 막히다. 내가 말하지 않았으면 괜찮은 사람은 목을 달아 올려 더 아프고, 나는 치료가 늦어질 뻔 했다. 호랑이한테 물려가도 정신을 차리면 산다더니, 병원에 근무하는 사람들은 침착하게 방심하지 말고 귀한 생명을 다룬다는 사명감으로 확인 또 확인했으면 이런 일들이 없을 텐데….

어디 방심이 병원 사람들뿐이랴, 시민의 발 역할을 하는 운전기사들도 마찬가지다. 노련한 기사가 사고를 낸다는 말이 있다. 인화성 물품을 다루는 공장 사람들의 부주의나, 성묫길에 담뱃불을 버리는 행위로 인해 귀중한 삶의 터전과 애써 가꾼

산림을 잿더미로 만드는 경우도 있다. 공적인 일이나 사적인 일에도 순간의 방심이 엄청난 재난을 불러오는데…. 대전 모 대학병원 의료사고야말로 우리 모두에게 경각심을 일깨워 주는 사건이었다.

사람이 하는 일은 늘 완벽할 수는 없지만 사소한 일도 방심하지 말고 한 번 더 확인하면 이런 실수는 미연에 방지할 수 있지 않을까.

잉꼬부부

앞집 부부는 오늘 아침에도 손을 꼭 잡고나와 출근하는 남편을 배웅하고 들어간다. 신혼같이 다정하다. 저런 사람보고 금실이 좋은 잉꼬부부라 하는가 보다.

우리 집은 남향을 향한 코너 집이고, 길 건너 앞집은 북향을 한 코너 집이다. 건축한 지가 오래되어 차고가 없다. 집 뒤에 차를 세워 놓는다. 우리 집 3층 마루에서 보면 언제나 손을 잡고 배웅하는 모습이 보인다. 한 오십대 초반으로 보이는데 동네에서 잉꼬부부로 소문났다.

오늘 아침 그들 부부를 보니, 30년 전 기르던 잉꼬새가 생각난다. 깃털이 녹색과 붉은색으로 아름다운 옷을 입은 것 두 마리를 길렀다. 하루는 먹이를 주려고 좁쌀과 야채 잎을 썰어

오늘 아침 그들부부를 보니, 30년 전
기르던 잉꼬새가 생각난다 깃털이
녹색과 붉은색으로 아름다운 옷을 입
은 것 두마리를 길렀다.
— 잉꼬부부

새장 앞에 가보니, 주동이로 콕콕 쪼며 싸우고 있었다. 참 이상했다. 잉꼬새는 사이가 좋기 때문에, 다정한 부부를 잉꼬 같다 하는데, 두 놈이 대머리가 되어 있었다. 서로 쪼아서 머리털이 다 빠진 것이다.

그 시절에는 새장을 들고 팔러 다녔다. 나는 새 장수한테 물어 보았다. "우리 잉꼬새는 왜 싸우죠?" 했더니, 수놈끼리 기르니 싸운다고 했다. 수놈은 주둥이가 하얗고 암놈은 빨간색이라고 했다. 나는 조류에 대하여 상식이 없으니 당연히 한 쌍인 줄 알고 길렀던 것이다. 새 장수는 가지고 있는 하얀 깃털 잉꼬새 어미와 갓 부화한 새끼 세 마리를 주고 대머리 잉꼬 두 마리를 교환해 갔다.

어린 새끼는 피부가 빨간 채 털도 안 났었다. 무엇을 먹이는지 알 수 없지만, 새끼는 주둥이를 어미 쪽으로 바라보고 있었다. 한 마리씩 털이 나기 시작하더니 세 마리가 하얀 깃털로 옷을 갈아입었다. 마치 아기가 세상에 태어나 빨간 피부였는데 하얀 배냇저고리를 입힌 것과 같았다. 깨끗하고 귀여웠다.

그런데 평화스럽고 아름다운 잉꼬 가족에게 재난이 온 것이다. 새장 속에 괴물이 침범했다. 시뻘건 피가 난장판이었다. 쥐가 어떻게 새장 문을 열고 들어갔을까? 어미는 새끼를 보호하려고 난투극을 벌였는지 피투성이로 죽어 있었다. 새끼 한 마리는 가슴팍을 물어 뜯겼고, 두 번째 놈은 날갯죽지가 뜯겨서 늘어졌으며, 세 번째 놈은 다리 한쪽이 덜렁덜렁 했다. 제일 많이 다친 것 같았다.

그런데 감동적인 것은 두 마리 새끼들이 저도 아픈데 제일 많이 다친 놈을 날개를 펴 감싸고 있었다. 가슴이 뭉클했다. 말 못하는 미물이 무슨 생각이 있는지, 정말 감동적이었다. 형제끼리 많이 물린 것을 보호하다니, 그래서 도덕성이 없는 사람보고 짐승만도 못하다는 말을 하는가 보다. 가슴에 중요한 장기가 있는지 가슴 물린 게 먼저 죽었다.

한쪽 날개 늘어진 놈과 다리 하나 떨어져 나간 놈이 살아남았었다. 수놈과 암놈이 살았는지, 가끔 새장 앞에 가보면 두 놈이 다정스럽게 깃털을 쪼아주며 뽀뽀를 하고 위로 하는 것 같아 나는 넋을 놓고 보았었다. 진짜 잉꼬의 본질을 보는 것 같았다. 다정한 잉꼬 부부였다. 그러나 안쓰러워 두고 볼 수가 없었다. 하루는 애들 몰래 새장을 들고 숲에 가서 날려 보냈다. 자유스럽게 살라 했지만, 인간에게 길든 것이 스스로 먹이를 구해 먹을 수 있을까? 발이 떨어지지 않았다.

요즈음 잉꼬부부들이 주위에 많이 있다. 현대는 핵가족 시대가 되어 자녀들을 분가시키고 노부부만 금실 좋게 살고 있다. 이웃집 친구 역시 젊어서는 시부모님 모시고 시동생 시누이와 같이 살았다고 했다. 현재는 아들딸도 결혼해서 따로 살며 남편 퇴직금 가지고 여가 선용도 하고 종교생활도 하며 다정하게 산다.

가끔 집에 가보면 남편이 청소도 해주고, 김치 담글 때는 옆에서 도와준다. 부인이 옷이나 화장품을 살 때도 좋은 것 비싼 것 사라고 하는데 너무 비싼 것은 살 수 없다며 행복해 한다. 자식들 그만 도와주고 쓰고 싶은 돈 쓰며 살라고 하더란다. 그렇게 큰 부자는 아니지만, 부인의 의사와 인격을 존중하는 것이 나는 부러웠다.

하지만 우리 부부도 다른 사람들이 부러워하는 점도 있다. 남편의 멋스러운 풍채와 호인 같은 모습을 보고, "그 집에는 생전 싸움도 안 하겠네요." 한다. 남의 속도 모르고, 남편은 가정사에 신경을 안 쓰는 게 불만이다. 그러나 이해하고 살다보니, 삼남매도 잘 자라서 제 짝을 찾아 나의 둥지를 떠났다. 부부가 살면서 희로애락이 있기 마련이지.

헌 둥지에는 잉꼬 한 쌍같이 우리 부부만 남아 있다. 내가 밖에 나갔다 늦게 들어와 보면 남편은 식은 밥을 먹고 있다. 미안하고 측은한 생각이 든다. 젊어서는 아내가 누이동생이 되고 친구도 되다가 늙으면 간호사와 어머니가 되어야 한다는데, 얼마 남지 않은 여생 잉꼬부부 같이 살아야지 하면서도, 때로는 소홀할 때가 있다. 사소한 일로 말다툼을 하다가도, 남편이 유머러스한 말을 하면 웃음이 나오고 만다.

나도 잉꼬부부같이 살도록 노력해야지.

할미꽃 전설

노후 설계를 철저히 하고 있는 오십대 중반쯤 되는 부인의 말을 듣는 순간 또 한 번 깨달았다. 아니 깨달았다기보다 놀랍고 기가 막혔다. 돈 앞에는 천륜까지도 버려야 한다는 사실에 가슴이 썰렁했다.

그 부인은 사회생활과 가정생활을 병행하며 열심히 사는 사람이다. 시간을 쪼개서 건강을 위해 헬스를 하며 주부대학도 다니고 병원에서 무료 봉사도 한다. 또 주말농장에서 푸성귀까지 가꾸어 먹는 사람이다. 남편 역시 회사에 다니며 가족을 위해 성실하게 사는 것 같다. 자녀는 삼 남매를 두어 두 딸은 결혼을 하였고 막내아들만이 군복무 중이란다.

그런데 자기는 절대로 자식에게 재산을 물려주지 않고 친정 동생에게 맡겨 늙으면 돌봐 달라 하겠단다. 아니 자식이 있는데 왜 동생이냐고 반문하자, 자식은 철이 없어서 사업하다가 잘못되어 까먹으면 자기 부부는 늙어서 꼼짝 없이 거지가 된다고 하였다. 그렇지만 자기 남동생은 고급공무원이며 돈이 많으니 잘 돌보아 줄 거라 하였다. "그래도 자식이 낫지 딸도 있는데, 자식은 일촌이고 형제는 이촌인데" 하였더니, 그 사람 말이, 자기 사는 아파트 말고 경기도에 있는 부동산 하나를 처분하여 결혼한 딸들한테 나누어 주려고 시험을 해 보았다 하였다.

딸한테 전화하기를 경기도에 있는 부동산이 경매되었다. 하고는 며칠 후에 부부가 초라한 모습으로 빈 손 들고 큰딸 집을 찾아갔다. 딸의 안색이 안 좋고 어색한 분위기가 감돌아 "애야, 너의 아버지 시장할 텐데 찬밥 있으면 된장찌개 하고라도 밥 먹자." 하였으나, 딸은 밥 생각이 없다면서 방문을 쾅 닫으며 방으로 들어갔다. 엄마가 전기밥통을 열어보니 따뜻한 밥이 가득 있었다. 집으로 오는 길에 남편 보기 민망하여 변명을 늘어놓았단다. 그 애가 몸이 안 좋아 그럴 거라고, 집에 가서 맛있는 밥해준다며 위로 하였단다. 그 말을 하며 목이 메어 울먹였다. 몹시 서운했던 것 같았다.

그날 이후 자식들 몰래 오피스텔을 사서 임대업을 한단다. 작은딸이 집장만할 때 부족한 돈을 얻어 달라 해서 어머니는 '남의 돈이다' 하며 2부 이자를 친구 통장으로 꼭꼭 받고 있단다. 나는 그 말을 듣는 순간 무섭기까지 하였다. 돈이 무엇이기에 부모 자식 간에도 이래야하나, 천륜까지도 끊어야 하는 것 같다.

돈이 없는 부모보다 재벌가 부모가 자식들한테 더 효도 받지 못하는 것을 보았다. 부모 재산에 대한 기대감이 상실되었을 때, 험한 꼴을 보는 것 같다. 다른 형제한테 재산을 더 많이 주는가 하여 형제끼리 재판까지 하는 것을 보았다. 돈의 위력이 천륜을 능가할 수는 없는데, 그래서 선진국에서는 재산을 자식한테 주지 않고 사회에 환원하는가 보다. 길러서 공부 가르쳐 성인이 되면 부모 책임은 다한 걸로 알며 독립해 나간단다. 60년대쯤은 자식 한 사람 대학 보내려면 허리끈을 졸라매고 배고픔을 참아야 했다. 농사짓는데 큰 일꾼이며 재산인 소를 팔고 논을 팔아 등록금을 대야 했었다. 그렇게 남보다 더 가르쳐 놓으면 부잣집 딸과 결혼하여 외국 가서 연락도 안 되고 부모 임종도 못하는 예가 많다. 사회는 고령화되는데 노후 대책 없이 자식한테만 희망을 걸고 있다가 어려움을 당할 수 있다. 우리나라 부모들의 교육열이 세계적으로 높다고 하였다. 그러나 지식을 습득하는 것도 좋지만 전문 교육이 더 필요하다.

내가 알고 있는 이웃 할머니 한 분 역시 병원에 입원했다가 퇴원해야 하는데 며느리들이 서로 안 모셔간다는 말을 들었다. 그 할머니는 일제 때 교육을 받으신 분이었다. 칠십이 다 되도록 보험회사를 다니고 경제 활동을 하시며 자기 명의로 연립 주택도 있었다. 내가 병문안 갔을 때, 자식들을 잘못 길러서 그렇다며 울고 계셨다. "며느리 셋 한테 말씀 하세요 사는 날까지 따뜻한 밥 한 그릇 먹다가 가게. 모셔가는 며느리에게 집을 주겠다고 하셔요." 하였더니 그렇게 말을 해도 싫다고 하더란다. 결국은 양로원으로 퇴원하여 계시다가 돌아가셨다.

우리나라는 동방예의지국이며 부모한테 효를 하는 나라로 알려졌는데, 핵가족생활과 물질만능주의로 가다보니 정서가 메말라가고 이기적으로 되어 가는 것 같다. 하기야 나도 팔십 네 살 되신 친정어머니가 계시는데, 자주 찾아뵙지도 못하고 용돈도 잘 드리지 못한다. 살아계실 때 잘 해야 되는데 갑자기 돌아가시면 어떻게 하나, 하면서도 나 살기 바쁘다보니 실천이 안 된다. 우리 애들 삼 남매는 아직은 잘하고 있지만, 내가 병들고 추해지면 어떨는지. 이러한 일들이 남의 이야기 같지 않다.

'할미꽃 전설'이 생각난다. 할머니가 큰딸네 살다가 눈치가 보이고 구박하니까 오라고 하지도 않는 작은딸 집에 가려고 산을 넘어가다가 돌아가셨다. 꼬부랑 할머니는 허기진 배를 허리끈으로 잘끈 졸라매고 노쇠한 육신을 바둣이 지팡이에 의지하며 한 발자국 한 발자국 옮겨 놓다가 기진맥진하여 쓰러져 돌아가셨나 보다. 그 자리에 할미꽃이 피었다는 전설이 있다.

이 시대에도 '할미꽃 전설'이 더 많은 것은 아닌지.

명당 이야기

명당자리에 묘를 써서 자손들이 잘 되었다는 고향 사람 소식이다. 큰아들은 돈을 많이 벌었고 작은아들은 지방 자치위원에 당선되었다는 말을 며칠 전 친정어머니한테 들었다.

현재도 명당이 있다고 인정하는 것일까. 때마침, 내가 강원도 쪽으로 여행하는 중이었다. 차창 밖으로 웅장한 산봉우리가 스쳐 지나가는데 예사롭지가 않다. 저건 무슨 명당자리인가. 산 중턱에 숲이 세 개가 똑같이 골 지어 있다. 자세히 보니 내 눈에는 돼지 새끼 세 마리가 어미 품에 파고들어 젖을 빨고 있는 모양으로 보였다. 저건 돼지 형국(形局)인가, 그럼 어느 곳에 묘를 써야하나, 혹여 돼지 밥그릇 있는 모형이 명당이 아닐까. 돼지는 배만 부르면 더 이상 바랄게 없다. 그곳에 묘를 쓰면 자손들이 부자로 산다고 할 것이다.

내가 어릴 적에는 할아버지한테 명당 이야기를 자주 들었다. 그 시절에는 텔레비전도 없고 뉴스거리가 없으니, 밤에는 마당에 멍석을 깔고 별빛을 호롱불 삼아 왕족의 역사나 전설의 고향 같은 이야기를 많이 해주셨다. 반세기가 지난 오늘날에도 생생하게 기억이 나는 명당 이야기가 있다.

옛날에 지관들은 명산을 찾아다니며 풍수지리와 명당자리를 보러 다녔는가 보다. 처남과 매부 두 사람이 같이 다니는데, 매부가 더 잘 본다고 했다. '옥녀가 머리 빗는 형국'이 있어서 두 사람이 자주 가지만, 어떤 곳에 묘를 써야하는지 모르는 처남이 하루는 매형 집에 찾아가 누님을 속이고 부탁했다고 한다. "누님, 매형이 들어올 때쯤 해서 머리를 빗고 있다가 머리 빗는 명당도 있느냐고 물어보세요." 하면서 자기한테 알려달라고 하였다.

마침 남편이 들어오자 머리를 빗으면서 "여보! 이렇게 머리 빗는 명당도 있나요?" 하고 물으니 "있고 말고." "그럼 어느 곳에 묘를 써야지요?" "그야 기름통이지" 하고 말했다. 동생이 왔을 때 기름통이 명당이라고 말하자, 옳거니 하며 무릎을 치고, 처남이 먼저 자기부모 유골을 기름통 형국에 이장했다는 이야기다. 옥녀가 머리를 빗어도 기름을 바르지 않으면 윤기가 자르르 나지 않기 때문일 거다.

대추씨 형국도 있다고 했다. 어머니가 재혼을 해서 또 아들을 낳아 키웠는데, 양쪽 집 아들들이 서로가 자기 어머니 유골을 이장하려고 했단다. 대추씨는 가운데 볼록한 데가 명당이라고 하며 그곳에 묘를 썼다는 이야기다. 이렇게 여러 가지로 명당자리가 있었나 보다.

나의 고향에는 '말바위'라는 곳이 있었다. 영락없이 말 얼굴 같았다. 입을 딱 벌렸는데 이가 하얗게 보이고 머리털이 잔등이까지 길게 늘어져 있었다. 그럼 '말'의 모양은 어디가 명당일까, 혹여 잔등이가 아닐까, 옛날에는 출세하면 현재의 고급 승용차 대신 말을 탔으니까 말 잔등이가 아닐는지.

우리나라는 산세가 좋고 명당자리가 많아서 큰 인물이 많이 나왔다고 한다. 그런데 일본인들이 명당에 대해서 더 믿었나보다. 큰 인물이 나올까봐 유명한 산마다 쇠말뚝을 박아 혈맥(血脈)을 끊어놓았다는 말을 들었다.

이성계가 조선 오백년을 건국할 때 조상의 묘를 명당자리에 이장했다는 설도 있다. 우리나라는 국상이 나거나 유명한 사람이 타계하면 지관을 불러들여 풍수지리를 보고 좌청룡(左靑龍) 우백호(右白虎)라는 명당을 잡아서 시신을 모셨다. 후손이 잘되게 하려고 조상의 유골이라도 명당에 모시고자 하는 우리의 장례문화이다.

그러나 현 시대에 명당이 있기는 한 것인가? 산을 높은 데까지 개간을 하고 건축을 하는데, 과학적으로는 땅이 배수가 잘되고 햇빛이 잘 들며 산이 바람을 막아 주는 곳이 명당이 아닐까. 교통이 좋아서 자손들이 자주 찾아갈 수 있으면 더욱 좋을 것이며 그런 곳이 명당일 것이다.

나의 삶, 나의 수필

삶이 곧 수필이고 문학이라 생각된다. 살아온 경험을 자기화하고 의미화하여 진솔하게 형상화하는 게 곧 자기 수필이다.

호랑이는 죽어서 가죽을 남기고 사람은 죽어서 이름을 남겨야 한다고 했다.

늦게나마 문인이라는 이름을 얻었으니, 세상에 수필집 한 권은 남겨야 할 터인데….

나는 어릴 적 시골 초등학교 2~3학년 때부터 뭔가를 써야겠다는 생각의 씨를 싹틔웠는지도 모른다. 60년 전만 해도 동화책이나 장난감도 귀했었다. 하굣길에 싸늘한 봄바람을 막아주는 밭둑 밑에서 각시풀을 뜯어 신랑 각시를 만들고, 사금파리를 주워다가 밥그릇이라 하며 소꿉놀이를 하였다. 집에 오면

보리개떡이나 쑥떡을 간식으로 먹는 날에는 그도 만족스러워 동네 아이들과 고무줄뛰기를 하느라 검정 통치맛자락을 펄럭거리며 놀았다.

다음날 학교 갈 때는 사각 보자기를 모로 놓고 책을 싸서 허리에 질끈 동여매고 팔딱거리노라면 필통에서 연필 구르는 소리가 달그랑 달그랑 났다. 교실에서 초롱초롱한 눈망울들이 선생님의 말씀 한마디라도 놓칠세라 바라보는 것이 어여뻤는지, 오후시간에는 옛날이야기를 가끔씩 해주셨다. 집에 와서 책가방을 옆에 놓고 멍하니 앉아 선생님의 이야기를 하나도 빼지 않고 외우며 베껴서 책을 만들면 좋겠다는 생각을 다 했다. 나는 그 이야기의 줄기를 타고 상상의 날개를 펴기도 했다.

전깃불도 없는 마당에서 반짝이는 별빛을 바라보기도 했고, 왱왱 거리는 모기를 쫓으려 피운 모깃불의 매캐한 냄새를 맡기도 했다. 그러다 달려드는 모기떼를 쫓고 물리지 않으려고 이불홑청을 뒤집어쓴 채 누웠다가 스르르 잠이 들곤 하였다. 낮에는 개천에서 모래를 헤집고 조개를 줍고, 면경 알같이 맑은 물속의 바위에 달라붙은 고둥을 줍기도 했다. 또 밤에는 떨어진 까만 고무신을 잘라서 불을 붙여 물 위에 비추면 불빛을 보고 가재가 엉금엉금 기어 나왔다. 가재 잡고, 고둥 잡던 그 어린 시절이, 동화 속 같은 고향이 나의 수필이다. 순수에의 회귀 같은 생각들이 나의 수필이다.

소녀 시절에 문학소녀 아닌 사람이 어디 있겠는가마는, 나도 그중의 한 사람이었다. 김소월 시집을 들고 다니며 뒷동산에 앉아서 「진달래꽃」을 읊기도 했다. 내가 과년한 처녀가 되어 한 청년을 소개 받았을 때 그는 연극 영화과를 나왔고, 연극도 했으며 영화 촬영도 해보았다고 했다. 나는 문학이 무엇인지도 잘 모르면서 결혼하게 되면 시나리오를 써서 영화도 제작해 보았으면 했었다.

그와 결혼을 했지만, 연예계나 예술하고는 동떨어진 사업을 했다. 나 역시 애들 삼 남매 뒷바라지하다가 결혼시키고 나니, 허전하고 쓸쓸하며 빈껍데기 같은 생각이 들었다. 나는 무엇인가? 나라는 존재를 생각해보니 얼굴에는 주름이 늘어났고 허리는 구부정하니 노인이 다 되었다.

혼자서 여행을 하며, 차창 밖으로 스쳐 지나가는 누런 벼의 출렁이는 물결과 곱게 물들인 산야를 보노라면, 왠지 모르게 쓸쓸하고 허무했다. 어느새 가을이구나. 나의 인생도 사분기로 나누어 본다면 가을인지, 초겨울인지 이제 얼마 남지 않은 것 같아 더욱 허전했다. 초조해졌다. 무엇인가를 채우고 싶어졌다. 무엇인가를 써서 남기고 싶어졌다.

그러던 중 교회 신문에서 잘 아는 권사님의 여행기가 실려 있는 것을 보고 단숨에 재미있게 읽었다. 그분을 만났을 때, "신문에 난 글 감명 깊게 읽었어요!" 했더니 "그래! 문학에 관심이 있나봐" 하며 일주일에 한 번씩 수필 공부하러 가는데 같이 다니자고 하는 것이다. 한 번 가보고 결정하겠다고 생각하며 따라갔었다.

지도 교수님의 첫 시간 강의는 찰떡같이, 나를 들러붙게 했다. 마치 고기가 물을 만난듯이 생동감이 넘치고 배워보겠다는 용기가 생겨서 열심히 다녔다. 이순이 넘어서 마침내 등단을 했다. 등단 이후 쓴 글이 4, 50편, 반은 동화 속 같은 어린 시절의 고향 이야기, 나머지 반은 결혼과 사업, 울며 웃으며 누벼온 세상살이 이야기다.

꽃

꽃은 누구나 좋아한다. 꽃마다 아름다운 색깔과 향기가 있다. 화려한 장미나 이름 없는 들풀도 꽃은 핀다. 꽃이 핀 다음에 열매가 생긴다. 지금 우리 집에는 화초 석류나무가 있다. 빨간색 봉오리와 활짝 핀 다섯 송이의 꽃은 앙증맞고 예쁘다. 회갈색 가녀린 가지에 나있는 뾰쪽한 초록색 잎사귀가 천에다 수를 놓은 것 같다.

초록색 잎에 빨간 꽃, 석류가 익어서 활짝 벌어지면 석류 하얀 씨가 치아 같고 빨간 속은 잇몸 같다. 새색시가 빨간 치마에 초록색 저고리, 한복을 곱게 입고 새하얀 이를 드러내고 살포시 웃는 것 같다. 석류화분은 둘레가 작고 키는 조금 높다. 도자기 화분에 심겨진 석류나무는 적당하게 조화롭다. 작년 가을에 친정어머니가 화분 세 개를 사서 택시에 싣고 오셨다. 그 때는 꽃이 피었다가 진 자리에 자그마한 석류 세 개가 달리더니 익을 때가 되어 빨갛게 벌어졌었다. 어디서 사오셨냐고 칭찬을 아끼지 않았다.

그러던 어느 날, 잎이 누렇게 변하고 석류가 퇴색해 버렸다. 물을 너무 주어서 죽은 줄 알았다. 아까웠지만, 석류화분을 바깥 한쪽구석에 밀어 놓았었다. 봄에 적당한 화초가 생기면 화분이나 쓰려고 했었다. 그런데 이게 웬 일인가 봄바람이 불자 누렇던 잎사귀들은 다 떨어지고 파릇파릇한 새순이 돋아나고 있었다. 깜짝 놀랐다. 눈보라치는 겨울을 밖에서 지나게 내버려 두고 물 한 방울 눈길 한 번 주지 않았는데 기사회생했다. 감동이었다. 감사였다.

나도 너처럼 몇 년 전에 사고로 죽을 뻔했다가 소생한 몸이다. 너를 보니 나를 보는 듯하다. 이러한 질곡의 날들이 너와 나 뿐이겠는가. 많은 사람들도 실패와 질병 힘겨운 날들을 참아내면 오늘같이 기쁜 날이 오리라. "석류나무가 살았어요!" 하며 남편을 불렀다. 남편도 신기한지 빙긋이 웃으며 화분을 들어다 실내에 놓았다.

'한 송이 국화꽃을 피우기 위해 봄부터 소쩍새는 그렇게 울었었나 보다.'라는 시가 생각난다. 이 석류나무도 추운 겨울날 내팽개쳐진 채 힘겨운 날들을 참아내며 주어진 제 몫을 다하기 위해 안간힘을 쓴 것이다.

큰 나무에 석류가 달려있는 것은 그 옛날 할머니를 따라 나섰다가 고모님댁 담장에서 본 것 같다. 어려서 본 석류는 신기하기만 했었다. 흔하지 않으니 귀족 나무다. 석류 열매는 에스트로겐이란 호르몬 성분이 들어 있어서 여성을 아름답게 한다고 했다. 이웃에 아는 분이 살 빼려고 약을 많이 먹다보니 여성으로서 기능이 안 좋아져 싱싱한 석류를 많이 사서 먹고는 좋아졌다는 말을 들었다.

꽃은 우리 인류가 삶을 이어오면서부터 인간과 공존해 왔다. 꽃은 다 아름답다. 잘 아는 지인은 꽃을 들여다보고 있으면 시간 가는 줄 모르고 마음이 편안해진다고 한다. 내가 젊었을 때도 복잡한 일이 생기면 꽃을 한 아름 사다가 꽂아놓고 한참씩 들여다보곤 했다. 그 후 꽃꽂이를 배워서 남편 사무실에 핑계 삼아 나가 꽂아 놓기도 했었다.

꽃은 남녀 간에 사랑을 고백할 때도 준다. 또 축하할 때나 애경사 때도 꽃다발을 보낸다. 꽃은 사람의 마음을 기쁘게 하고 위로하는가 보다. 비정한 사람도 꽃을 싫어하지 않는다고 한다. 우리 인간도 각자 개성대로 꽃과 같이 향기를 내며 순수하게 타인에게 기쁨과 위안을 줄 수 있다면 얼마나 좋을까. '사람이 꽃보다 아름다워'라는 말처럼. 그러면 세상은 더욱 아름다워질 것이다.

얼마 전 안면도 국제 꽃박람회에 다녀오신 분의 말씀을 듣고 감동받았다. 작년 여름만 해도 기름 유출사고로 죽음의 바다가 될 뻔했다. 그런데 온 천지에 꽃을 심어서 꽃박람회를 한 달 동안이나 한다니 얼마나 기쁜 일인가. 기름때로 얼룩진 인상을 상큼한 꽃향기로 말끔하게 씻어냈으니….

감동 또 감동이다. 꽃은 희망을 준다. 기쁨을 준다.

그래서 인간은 꽃을 심고 꽃을 사랑한다.

눈 오는 날 빵 하나

창밖에 눈이 내린다. 함박눈이 아닌 진눈깨비다. 기온이 높기 때문에 도로에는 눈이 녹아 물이 흐른다. 그래도 헐벗은 나무엔 눈꽃이 피어서 매화꽃 봉오리가 실눈을 뜬 것 같다. 머지않아 봄이 온다고 예시하는 것 같다. 이렇게 눈 오는 날이면 남편이 빼놓지 않고 이야기 하는 게 두어 가지 있다.

그이가 31세에 결혼해서 금년에 72세니, 마흔 번도 더 들은 것 같다. 이렇게 동장군이 기승을 부리는 날이면 꼭 이야기한다. 나도 같이 상상의 날개를 편다. 남편 앞에 한 모금 남은 커피는 김이 모락모락, 고소한 향과 함께 추억이 피어오르는 것 같다.

시댁은 상업 도시인 경남 마산이다. 시부모님은 도로변에 조그마한 자기 건물에서 구멍가게를 하셨다. 하루는 당시 중학생이었던 그이가 부모님 대신 가게를 보았을 때란다. 현재는 예비군이지만, 그 당시는 제2국민병이라 했는데 나이어린 청소년들까지 입소를 했단다. 환경이 여의치 않아 방직공장 창고를 빌려 찬 바닥에 가마니를 깔고 자며 밥도 제대로 못 먹어 굶어 죽고 동상에 얼어 죽기도 했단다.

그날도 눈이 오고 몹시 추운 날이었는데, 1개 소대가 30명씩 군가를 부르며 뛰어가는 행렬 속에서 젊은 청년 한 사람이 가게에 뛰어 들어와 국방색 점퍼를 벗어 던지고 빵 하나 집어 입에 물고서 러닝셔츠만 입고 뛰어 가더란다. 까까머리 소년은 영문도 몰라 멍하니 바라만 보았던 것이 지금도 마음에 걸린다고 했다. 빵을 더 주든지 점퍼를 그냥 입고가도 된다고 했어야 하는데, 얼어 죽지나 않았나. 반세기가 넘도록 생생하게 각인되어 후회스럽다는 것이다.

군량미를 총사령관이라는 사람이 횡령 착복해 제대로 전달이 안 되어 굶어죽는 사람이 많게 되자 사회 문제가 되어 정부에서 사령관을 처형했다고 들었다. 한국전쟁 전후 이북에서 남하한 피난민이 많았는데 먹고 살기 힘들어 초근목피(草根木皮)로 연명하고 사는 각박한 삶이었다고 했다.

그래도 시아버님은 자기 건물에 한약방을 하시고 식품가게라도 했기에 남편을 서울에 하숙시키며 대학을 보냈는가 보다.

그이가 서울에서 하숙할 때는 조금 철이 들었는지, 눈 오는 날 갈 데 없는 친구가 찾아와 1개월가량 하숙집 밥을 나눠먹어도 박절하게 거절하지 못 하였단다. 한 밤중에 하숙방 창문을 두 들기는 소리가 반갑지 않았지만, 문을 열어줄 수밖에 없었다고 한다.

주인이 처음 한 끼는 친구가 온 줄 알고 2인분 밥을 주었지만, 다음 끼니에는 1인분 주는 밥을 장정인 두 사람이 나누어 먹으니 양이 찰 리가 없다. 간식도 없는 시절에 돌이라도 씹어 먹으면 소화가 될 나이다. 남편의 말에 의하면 하숙집 김치 맛은 수박같이 맛이 좋아 싹 쓸어 먹고는 콩장 멸치조림까지 다 먹었다며 밥그릇도 집에서 먹던 그릇보다 작았다고 했다.

반 그릇의 밥이 빵 한 개 칼로리보다 더 많을지 모르지만, 긴긴 겨울밤을 지새우면 배가 출출했을 것이다. 지금 같이 군것질거리도 없었을 것인데, 그래도 두 사람은 앞날의 희망을 꽃피우며 밤이 깊어가는 줄 몰랐을 것이다. 나 역시 소녀 시절에 외국 영화를 보고 어른이 되면 꽁보리밥은 안 먹으며 푹신한 의자에 앉아 우아하게 빵이나 구워 먹는다고 했었다.

남편 친구는 며칠씩 가지 않고 밥을 나눠 먹으며 하는 말이 자기는 먹고 자는 것 걱정 안 한다며 '목숨을 위하여 무엇을 먹을까, 몸을 위하여 무엇을 입을까 염려하지 말라'라는 성경구절을 암송하더란다. 남편은 그 당시 교회에 안 나가서 무슨 말인지 잘 몰랐지만, 자기 밥을 얻어먹으면서 그런 소리 한다며 속으로 화가 났어도, 참은 것이 잘했다고 했다.

눈 오는 날에 빵 한 개를 이야기 하면 장발장이 생각난다. 프랑스 작가 빅토르 위고(1802~1885)가 쓴 『레미제라블』의 주인공 장발장이다. 빵 한 조각 훔쳐 먹은 죄로 감옥 생활을 하다가 탈옥을 시도하다 또 잡혀 들어가 19년간이나 형을 받은 불쌍한 사나이다. 소설의 줄거리가 사실이라니, 200년 전 당시에 프랑스 경제 사정도 우리나라 50년대와 같았나 보다.

1인당 국민소득 2만 불 시대를 사는 오늘날의 젊은이들에게 어려운 시대 빵 하나와 밥 한 그릇의 절실함을 알려주고 싶다. 추운 날 점퍼 하나가 소중한 건데, 겨우 빵 한 개와 바꾸어간 훈련병은 얼마나 배가 고팠으면 그랬을까, '목구멍이 포도청'이란 말이 맞는 것 같다. 혼자 가게를 보는 코흘리개 소년을 무시하고 빵을 빼앗아 갈 수도 있는데, 너무나 양심적이다.

우리나라 속담에 '입은 거지는 얻어먹어도 벗은 거지는 못 얻어먹는다.'는 속담도 있다. 러닝셔츠 바람에 빵 한 개 입에 물고 뛰어가는 훈련병의 환상을 까까머리 소년은 늙어서 머리에 하얗게 서리 내리도록 잊지 못하고 안타까워한다. 이렇게 눈 오는 날이면.

2.

살아서 부활

붕어빵

손자녀석을 어린이집에서 데리고 오는 중이었다. 젊은 아기 엄마가 붕어빵을 사서 유치원생인 딸아이를 주며 "찬영이 하나 먹을래?" 한다. "오늘은 외할머니가 데리러 안 오셨네." "외할머니 부산 갔어요." 하고 찬영이가 대답했다. "친할머니인가 봐요?" 하고 상냥하게 웃으며 목례를 하더니 "드셔 보셔요." 하며 붕어빵 하나를 또 주어서 얼떨결에 사양도 못하고 받았다.

손자는 유치원에서 제일 예쁜 여자친구 엄마라며 자랑을 한다. 사돈이 와서 살림과 손자를 봐주다가 가끔 부산에 갈 때는 내가 올 수밖에 없다. 어느새 따끈따끈한 붕어빵의 구수한 냄새가 후각을 자극하여 나도 같이 먹고 있었다. 찬영이는 신이 났다. 어린이집 끝나고 집으로 오는 길은 해방된 것 같고 배속도 출출할 터인데, 붕어빵 하나에 기분이 좋아 깡충깡충 뛰다 걷다 한다.

모자까지 덮어 쓴 점퍼가 쌀쌀한 바람도 막아준다. 바람에 흩날리는 은행잎이 겨울 준비에 바쁘다. 이불같이 깔아놓은 노란색 잎을 밟고 가는 찬영이의 고사리 같은 손에 들린 붕어빵이 줄어든다. 그 옛날 제 아비 어릴 때 생각이 났다.

30여 년 전 일이다. 지금 손자녀석 같은 나이였다. 그때도 추운 날씨라 모자까지 씌워 시장에 데리고 갔었다. 집에 올 때 붕어빵을 사주었다. 그런데 마지막 남은 붕어빵 하나를 먹지 않고 혀로 핥고 있었다. 왜 안 먹니? 했더니, "형아 주려고." 하면서 혀로만 음미하면서 먹고 싶은 것을 참으며 아끼고 있었다.

어느새 세월이 흘러 제 애비의 아들이 똑같은 모습으로 붕어빵을 먹으며 가는 뒷모습을 본다. 그때의 아들은 집에 있는 형제를 생각하며 붕어빵 하나를 아꼈지만, 지금의 손자는 저 혼자 맛있게 먹고 있다.

옛날에는 간식거리가 귀해도 맛있는 것을 보면 자기 입에 다 넣지 못하고 형제끼리 가족끼리 이웃끼리 나누어 먹었다. 현재는 먹을거리가 너무 많다. 간식도 몸에 좋은 것만 찾아 먹는다. 그래도 제 입만 아는 것 같다. 아이들부터도 자기만 아는 이기적인 성격으로 변해가고 있는 것일까.

사랑스런 손자녀석은 제 애비의 뒤통수까지도 꼭 닮았다. 아니, 앞통수도 닮았다. 그래서 붕어빵 같이 똑같다고 하는가 보다.

사랑초

베란다 창가로 스며드는 가을 햇볕이 따뜻하여 기분이 상쾌하다. 마루까지도 햇살이 가득히 퍼진다. 나는 마루에 앉아 골다공증에 좋다는 햇볕을 쬔다. 화초들도 햇빛을 받아 영양분을 보충하여 눈보라치는 겨울을 준비하는 것 같다.

친구가 선물한 사랑초는 잎이 가지색이다. 거의가 녹색인 화초들 사이에 저 혼자만 독특한 색이라 더욱 눈길을 끈다. 잎이 하트 모양인데 세 개로 되어있다. 낮에는 활짝 피었다가 밤이면 세 잎이 사이좋게 붙어서 잔다. 친구가 사랑초가 신기하다고 자랑을 해도 무슨 소리인지 알 수가 없었다. 하루는 나에게도 사랑초 화분을 선물했다.

사랑이란 이름으로 왔기 때문에 관심을 두고 나 또한 사랑하게 되었다. 새로 들어온 식구를 대하듯이 예쁘고 깨끗한 도자기 화분에 옮겨 심었다. 착한 친구 모습을 떠올리며 가끔 물을 보살폈더니 식솔들이 늘어나고 번창했다. 사랑초 잎 색깔이 독특하여 잎만 보는 것으로 만족하고 꽃은 안 피는 줄 알았는데, 가녀린 가지에서 연보라색 꽃이 서너 송이 피어나기 시작했다. 나는 신기하여 스마트 폰에 담아 친구한테 보내려다 그다음 날 보니 무려 다섯 송이가 더 피었다. 그런데 꽃잎도 밤에는 오므라들고 낮에는 피어난다. 정말로 사랑스럽고 신기하다.

사랑초를 선물한 친구는 혼자서 지병이 있으신 시어머니를 극진히 모시고 살았는데 돌아가셨다. 시어머니 돌아가신 후 자신이 살던 아파트는 그대로 두고 아들네 집에 가서 있을 때가 많다. 아들만 있는 친구는 며느리를 딸같이 생각하지만, 생활 습관이나 식생활에서 마음에 안 들 때가 많다고 했다. 그러면 혼자 살지 왜 함께 사냐고 하면, 이제 막 돌이 지난 예쁜 손녀 딸을 보살피기 위해서라고 한다.

친구가 사랑초를 좋아하는 이유는 밤에는 세 잎사귀가 똑같이 오므라들고 낮에도 똑같이 피어나서 사람을 즐겁게 하듯이 아들과 며느리, 시어머니인 세 사람의 마음도 하나가 되었으면 하는 속마음인 것 같다. 예나 지금이나 고부간의 갈등은 어쩔 수 없나 보다.

사랑초가 들어온 후로 베란다 화초들이 앞 다투어 개성을 뽐

내며 사랑받으려고 하는 것 같다. 부디 가을날을 좀 더 길게 하여 우리 집 베란다의 식구들에게 풍성한 사랑을 내려주기를 빈다. 또한 사랑초를 선물한 친구네 가족들도 화목하게 살아가는 나날이 되기를 바란다.

여인 4대

딸 선(仙)이로부터 시간 내어 자기 집에 와서 밥이나 같이 먹자고 전화가 왔다. 마침 친정어머니도 오셨기 때문에 모시고 딸이 사는 아파트에 갔다.

"할머니, 엄마가 어렸을 때 저보다 더 예뻤어요?" 하며 6학년인 외손녀가 말했다. "글쎄, 엄마도 어릴 때 예뻤는데 공부는 문(汶)이가 더 잘하는 것 같아." 하였더니, "에이 그것 봐 엄마보다 공부는 내가 더 잘한다잖아" 한다. 나를 제일 먼저 할머니 소리 듣게 한 외손녀지만, 세상에 태어나 신생아실에서의 첫 대면은 나를 홀딱 반하게 하였다. 뽀얀 얼굴에 쌍까풀까지 있어 예뻤다.

8개월 때부터 보통 아이가 아니라는 것을 알았다. 분유를 안 먹고 젖만 먹었다. 어느 날 제 어미가 설문 조사 아르바이트 가서 젖 먹을 시간이 되어도 오지 않았다. 우유도 안 먹는 어린 것이 안타까워 업고는 현관문을 들락날락 하였다. 제 어미가 왔을 때는 젖이 통통 불어 흘러내리고 있었다. 그런데 어린 것이 어미를 거부하고 젖을 먹지 않았다. 젖을 짜서 그릇에 담아 주면 입을 내밀어 받아먹었다. 한 2개월 후에도 또 그런 일이 있었다. 그때도 어미 쪽을 보지 않고 내 품에서 잠들었다. 아이를 데려가서 잠 잘 때 간신히 젖을 먹였다고 하였다. 말 못해도 엄마가 야속했던가 보다. 그 어린 것이 무슨 속이 있었는지.

딸네와 공원 같은데 가면 나는 말 못하는 아이한테 꽃 이름을 가르쳐 주고 노랑나비, 흰나비를 말해주었다. 10개월 되었을 때 걸음마를 하였다. 내가 묵상 기도할 때면, '할머니, 나 왼손잡이 기도해주세요' 했다. 왼손을 쓰는 것이 무슨 병인 줄 알았나 보다. 5세 때 한글 깨우치고 유치원에 들어갔다. 초등학교도 대학부속사립에 운 좋게 당첨되어 다니고 있다. 5학년 때 내가 병원에 잠깐 입원했을 때 시를 지어 병문안 왔다. 내가 시를 좋아 하는 줄 알고서.

할머니 얼굴

저 건너 바다에 할머니 얼굴이 비친다

노을과 같이 할머니 얼굴이 비친다
갈매기 소리에 생각나는 할머니 얼굴
우리 엄마 낳아주신 사랑의 얼굴
별똥별이 떨어질 때 할머니도 나으실 테지
건강한 우리 할머니 소중한 우리 할머니.

'할머니 사랑해요. 빨리 나으세요. 그리고 노벨상 받을게요. 힘내세요.' 나는 외손녀가 노벨상 받기를 고대해 본다. 6학년에 전교 어린이 회장을 몇 표 차이로 남학생한테 빼앗겼다고 억울해 하는 것을 보았다. 똑똑하다. 이 시와 편지를 앞으로 계속 간직할 것이다.

딸이 출가 후 우리 집에 오더니 자기 어릴 때 찍은 사진을 찾아갔다. 막내아들이 태어나기 전이라 딸과 큰아들, 남편과 나 네 사람이 찍은 사진이다. 딸아이는 양 갈래로 땋은 머리에 눈이 입보다 크고 갸름한 계란형 얼굴이다. 그 사진을 액자에 넣어두고 보면서 예쁘다고 생각하며 흐뭇해하는 것 같다. 사실 예쁘고 귀여웠다. 자라는 동안 친구들의 부러움을 사며 여자친구보다 남자친구들이 더 많이 따라 다녔다.

교회에서 중학교 때부터 따라다니던 녀석이 일류 대학에 입학해놓고 자기 부모한테 우리 딸 선이와 결혼할 수 있게 해달라고 애원하더란다. 어느 날 친구들과 같이 현재의 사위집에서 놀다가 나올 때, 그 부모님이 선이를 불러 놓고 '우리 아들 수

(洙)를 어떻게 생각하느냐?' 하고 물어 보셔서, '좋은 친구라고 생각해요' 대답하니 승낙으로 알고 노골적(?)으로 예뻐하는 바람에 할 수 없이 결혼 시켰더니 잘살고 있다.

선이가 4살쯤 되었을 때 친정어머니가 오셔서 보시고 혼자 손에 둘이나 기르기 힘들다며 딸을 데려갔다. 나의 친정은 충남 금산이며 명약재가 나오는 인삼골이다. 여름이면 나무숲에 숨어있는 매미가 운치 있게 세레나데를 부르며 실개천에는 송사리 떼가 놀고 있었다. 밤에는 찢어진 검정 고무신에 불을 붙여 가재를 잡으며 낮에는 고둥을 줍고 민물 새우를 잡았었다. 정서가 메마른 서울보다는, 자연이 숨 쉬는 소리를 어린 선이도 들었을 것이다.

내가 어렸을 때 잊지 못할 추억이 있다. 아니 그것은 횡재였다. 초등학교 1학년 때 하교 길에 실개천에서 아이들은 검정 고무신을 벗어 송사리와 민물 새우를 잘도 잡았다. 민첩하지 못하고 운동 신경이 둔한 나는 바위에 앉아 맑은 물에 발 담그고 햇빛에 얼비쳐 물속에 보이는 내 얼굴을 찾고 있었다. 그런데, 무엇이 나의 손가락을 꽉 물었다. 그것은 내 어린 주먹보다도 더 큰 민물 게였다. 큰 집게발로 내 손을 물은 것이다. 송사리만 잡던 아이들은 나를 부러워하였다. 빼앗길까봐 치마폭에 싸서 집으로 달려갔다. 그때 기쁨을 잊을 수가 없다. 세상살이도 이렇게 약삭빠르지 못한 사람에게 돈이 따라 붙는다

여름이면 나무숲에 숨어 있는 매미
가 운치있게 세레나데를 부르며
실개천에는 송사리떼가 놀고 있었
다. 밤에는 찢어진 검정 고무신에…
— 여인 4대

면 얼마나 좋을까.

친정어머니는 외손녀 선이를 예뻐하더니 효도를 받는다. 용돈을 드리고 옷도 사주며 외식도 나보다 더 자주 시켜 드린다. 현재 84세인데 정정하시며 총기가 좋으시다. 외손녀딸 선이네 집을 우리 집보다 더 자주 가신다. 젊었을 때는 아담하니 예쁘셨다. 내가 초등학교 운동회 때 학부형 게임하면 꼭 일등을 하셨다. 친구들은 "결혼하지 않은 언니야?" 하였고, 잘 모르는 사람들은 '계모'인가 하였다. 나도 이다음에 외손녀가 용돈줄 때까지 살 수나 있을는지. 내 수명이 20년 연장 되면 84세다. 금년의 친정어머니 나이이다. 손녀 정문이는 13세니까 33세 사회생활 하는 나이가 된다. 키가 170cm이고 예쁘며 똑똑하다. 이다음에 필요한 인물이 될 것이라고 믿는다.

친정모친과 나와 딸 선이 외손녀 문이, 이렇게 여인 4대 중에 내가 제일 둔하고 못났지 싶다. 젊었을 적에는 인상이 좋다느니 예쁘다느니 하는 말도 들어 봤지만, 그것은 내가 멋내기 좋아하며 꾸미니까 들었던 소리지, 예쁘다고 생각해 본 적은 한 번도 없다.

이만하면 여인 4대가 모여서 행복한 것 아닐까.

아들 생일

하얀 눈이 펄펄 내리고 있었다. 너무 많이 쌓여서 길이 보이지 않았다. 온 천지는 무균질 세상을 그려내어 깨끗하고 신비로웠다. 앙상한 나뭇가지들조차 풍만한 백화를 달고 있음은 물론이요, 하늘에서는 하얀 눈송이가 춤을 추며 갓 태어난 아기를 축복하는 것 같았다.

하루 전날 출산한 사내 아기를 이불에 싸 보듬은 산모가 눈 속을 헤집고 발목까지 푹푹 빠지며 가고 있었다. 그 뒤를 한 소녀는 세 살배기 계집아이를 업고 기저귀 보따리를 든 채 따라가고 있었다. 볼은 빨갛게 얼었고 눈물, 콧물, 하얀 입김을 내며 가고 있었다. 눈보라가 몰아치는 바람에 앞이 보이지 않았다. 까만 머리와 눈썹에도 하얀 나비가 앉았다. 37년 전 12

월 28일의 일이었다.

'어머니 오늘이 제 생일예요. 저를 낳으시고 고생 많으셨어요.' 아들의 메시지다. 잠자리에 누워 오늘의 일을 생각하고 있을 때 핸드폰 소리가 나서 받아보니 큰아들이다. 오전에는 큰며느리가 메시지를 보냈다.

'찬영이, 채은이 아빠 낳아 주시고 멋지게 키워 주셔서 감사합니다. 어머니 건강 조심 하세요.'

오늘 약속이 없었더라면 아들집에 가서 미역국이라도 같이 먹었을 것인데 못 갔다. 이번 일요일에 삼 남매가 모여서 축하하기로 했다. 나도 며느리한테 답장을 보냈다. '태오는 사랑받기 위해 태어난 사람, 지혜로운 짝을 만나 아들 딸 낳았대요. 하나님께서 축복할 거예요.'라는 메시지를 보냈더니 아들이 회사 갔다 늦게 와서 같이 보고 답장을 보낸 것이다.

요즈음 큰며느리가 둘째 손녀를 낳았다. 회사에서 3개월 휴가를 주어 산후조리 중이다. 안사돈이 큰 손자 녀석을 돌봐주고 있어도 15일간 조리원에 가서 조리를 하고 왔다. 옛날하고는 많이 달라졌다. 남편까지도 산후 휴가를 낼 수 있다니. 그래서 며느리한테 너희 남편을 낳고 이렇게 고생 했단다 하고 이야기 한 일이 있다.

그해 12월은 따뜻했었다. 날씨가 따뜻한데 김장하면 시어진다고 미루고 있는 사람들도 있었다. 그때는 김장독을 땅에 파묻었다. 또 겨울 양식이라고 김치를 많이도 했다. 어른 두 사람이 사는 우리 집도 최하 50포기는 했던 것 같다. 김장철 시장은 배추가 산같이 높았다. 시집 안 간 이종동생을 시골에서 올려 보냈다. 김장도 해주고 산후 조리도 해주라는 것이었다.

양가 부모님들은 지방에 계시고 우리는 서울에서 첫딸을 낳아 살았다. 만삭이 되어 출산 예정일 아침에도 남편 밥을 해주고 연탄불에 물을 데워 머리를 감았다. 아기 낳으면 한동안 머리를 못 감을 것 같아서다. 기저귀 가방을 챙기며 남편한테 병원에 가자고 하였다. 어린 딸아이와 나를 산부인과 문 앞에 내려놓고 남편은 회사로 가버렸다. 딸아이는 아빠 엄마 같이 놀러 가는 줄 알았다가 서운했는지 진통하는 엄마를 보고 무서웠는지, 아빠를 부르며 울어대었다.

그래도 4.5kg나 되는 건강한 아들을 순산하였다. 핸드폰도 없던 시절, 회사로 전화를 했어도 밤늦게 병원에 온 남편이 야속하였다. 토라져 있는 내 앞에 돈을 내놓으니 눈 녹듯이 마음이 풀렸었다. 퇴원하는 날 병원 문 앞에서 택시를 탔다. 아기 낳으러 병원에 오기 전까지만 해도 따뜻하고 눈도 안 왔는데….

첫눈이 그렇게 많이 온 줄 몰랐다. 큰길은 차가 거북이걸음이라도 해서 길이 났지만, 밭둑으로 해서 집에 오려면 300미터는 가야 했다. 기사는 도저히 더 갈 수가 없다며 눈 속에 우리를 내려놓고 가버렸다. 그래도 기사를 원망할 줄도 모르고 펄펄 내리는 눈송이가 하늘의 축복인 줄 알며 기쁘기만 했다.

순백의 세상에 내 작품으로 만들어갈 아들을 안았기 때문이다. 큰집에서는 딸만 9명을 낳고도 아들을 못 낳아 시댁 어른들 성화가 말도 못했었다. 지금은 오히려 딸을 더 좋아한다. 며느리 역시 딸을 낳기 위해 책을 보고 음식도 가려서 먹더니, 마음대로 채은이를 낳고 좋아한다.

나는 몸이 날아갈 듯이 가볍고 기분이 좋아, 한 이레도 안 되어 교회에 갔다. 종소리가 들려와 주일날 집에 있을 수가 없었다. 차디찬 마룻바닥에 앉아 예배를 드리고 왔다. 그 후 몸이 안 좋았다. 나이 어린 이종동생 역시 산후 조리에 대해서 모르니까 말리지 않았다. 어느새 세월이 흘러 할머니가 되었지만, 손녀딸의 방긋방긋 웃는 얼굴 위에 눈 속에서 안았던 제 아비의 얼굴을 포개어 본다. 감사와 기쁨이 포개어진다.

하얀 눈이 계속 내린다. 그 눈발 속으로 굵직한 아들의 메시지가 환청으로 들린다.

'어머니, 오늘이 제 생일이에요. 고생 많으셨어요.'

세 살 버릇

속담에 '세 살 버릇 여든까지 간다'라는 말이 있다. 손자 두 명이 6개월 차이로 세 살배기다. 제 뜻대로 무엇이든 해야지 그렇지 않으면 떼를 쓴다. 고집이 세고 버릇이 없다.

큰며느리가 직장에서 다급한 목소리로 전화를 했다. 찬영이가 일어서지 못하고 걷지를 못한다 했다. 어제 나하고 놀다 와서 자고 일어나 아프다며 자기 집에 좀 가보았으면 한다.

"그럴 리가 없다. 넘어진 일도 없고 그네 조금 탄 일 밖에 없다."

어린애 봐준 공은 없다더니, 하면서도 웬일인가 싶어 달려가 보니 외할머니가 업고 있다.

평소에는 내가 가면 달려와 안기며 해맑은 미소로 재롱을 떨던 손자가 시무룩하다. 사돈이 말하기를 업으면 다리를 벌리니까 가만히 있고 앉거나 서면 다리를 오므리게 되어 아파한다며 업고 있다. 어린애라 어떻게 아픈지 표현을 못하니 안타깝기만 하다.

제 어미가 대학 병원에 예약해 놓았으니, 내일 월차를 내어 찬영이를 데리고 가 진료를 받아본다지만, 멀쩡하던 아이가 다리를 못 쓰니 뼈가 어떻게 되었나 싶어 하룻밤을 넘길 수가 없었다. 사돈과 나는 아이를 번갈아 업고 택시로 정형외과를 갔다.

의사 선생님이 엑스레이를 찍어봐야 안다고 했다. 촬영실에서 아이가 발버둥을 치며 울어서 내가 두 팔을 붙들고 외할머니가 양다리를 눌러도 촬영할 수가 없다. 고집이 센 편이고 자기가 싫으면 떼를 쓰는 바람에 힘이 센 분이 붙잡고 찍었다. 피검사하러 주사실에 갔는데 또 간호사들이 땀을 뻘뻘 흘리며 손을 덜덜 떨어 피를 뽑기 어렵다. 할머니들은 나가 있으라며 남자 선생님이 와서 꼼짝 못하게 하고 바듯이 피를 뽑았다.

조금 후에 검사 결과가 나왔다. '일과성 고관절 활액막념'이라는 병이며 남자아이한테만 걸린다고 했다. 한 2주일 치료하면 나을 수도 있지만 만에 하나 안 좋을 수도 있다고 한다. 며느리한테 병명을 말하니 인터넷에 들어가 내용을 자세히 알아본다. 내가 듣고 와 전하는 것보다 더 세밀히 안다. 참 좋은 인터넷 세상이다.

그날 밤 찬영이가 걱정되어 집에 오지 않고 같이 자며, 내 아이들 기를 때 일들을 생각해 보았다. 제 아비라면 겁이 나서 조금 울다가 달래면 그쳤을 것이다 요즈음 아이들은 고집이 세고 참을성도 없으며 어른 말을 듣지 않는다. 아이를 많이 낳지 않아 뜻을 다 받아 주니 더욱 그런 것 같다. 집안에 한 사람이라도 무서운 부모가 있어 잘못하면 야단을 쳐야 버릇을 고친다며 며느리에게 말했다. 잘못해도 그대로 두면 그게 옳은 것인 줄 알고 이다음에 버릇없고 남을 배려할 줄 모르는 사람이 된다. 사람이 살면서 자기하고 싶은 대로만 살 수 없는 일, 싫어도 참을 수 있는 인내심을 길러주어야 한다고 했다.

선진국에서는 어릴 때부터 남에게 피해를 주면 안 된다고 가르친다는데, 우리도 유치원서부터 지식만 머리에 넣어주지 말고 인성 교육을 더욱 신경 쓰면 좋겠다. 선생님이 사랑의 매를 때리면 부모 역시 잘못하면 당연하다고 아이한테 말해주면 올바른 교육이 될 것이다.

작은아들 손자 하랑이도 고집이 세고 버릇이 없다. 지난 일요일 우리 집에 왔을 때 갑자기 방에서 벼락 치듯이 우는 소리가 들렸다. 제 아빠가 하지 말라고 야단쳤다며 달래도 그치지 않는다. 제 딴에는 요즘 유행어로 스트레스를 받은 것이다. 아무리 달래도 안 되어 내가 제 아비를 야단치고 때리는 척 하자 울음을 그쳤다. 옛날 우리 아이들 같으면 어른이 무서워서 울음을 참아가며 한쪽에 가서 조용히 있었을 것이다.

식당에서도 아이들이 다른 사람 테이블까지 왔다 갔다 소란을 피우고 공공장소에서 버릇없이 행동해도 부모가 별로 말리지 않는다. 지하철 역내에서도 음료수와 과자를 입에까지 넣어주고 아이 뜻을 다 받아주는 것을 보게 된다. 이다음 아이가 자라서 부모가 필요 없는 존재가 되었을 때 과연 어떻게 될 것인가.

유대인의 자녀 교육도 유명하지만, 우리나라 한석봉 어머니 교육이야말로 현대의 젊은 엄마들이 본받아야 할 것이다. 추운 겨울에 어머니가 그리워 찾아온 아들에게 따뜻한 밥 한 그릇 주지 않고 대문 밖에서 서당으로 쫓아 보낸 어머니의 심정은 오죽했으랴. 그렇지만 아들을 강하고 훌륭하게 키워낸 어머니의 진정한 사랑이다.

우리 손자녀석들도 공공장소에서 남의 눈살을 찌푸리게 할까 봐 걱정이 된다. 제발 제 아비들만큼이라도 유순하게 자라 주었으면 좋겠다. 그리고 남을 배려할 줄 아는 사람이 되기를 기도해야겠다. '세 살 버릇 여든까지 간다' 했으니.

막내아들에게

파란색 티셔츠에 멜빵 달린 바지를 입고, 초롱초롱한 눈망울의 귀여운 얼굴, 여자아이같이 조그마한 입으로 엄마를 부르며 달려오던 너의 모습이 내 기억 속에 아직도 각인되어 있구나.

너의 어린 시절 추억 속에 이 엄마는 어떤 모습으로 저장되어 있을까? 동그스름한 얼굴에 통통한 모습이겠지. 너는 어릴 적에도 조그마하니 깜직한 유치원 선생님을 좋아했고, 또 피아노 지도하는 선생님이 키가 작은데도 고운 옷 입고 오면 예쁘다고 하였지.

그러더니 어느 날, 키가 작은 예쁜 아가씨를 데리고 와서 결혼시켜 달라고 하였지. 너의 키는 187cm나 되는데, 큰 나무에 매미가 붙어있는 것 같다면 너무 지나친 표현일까. 그래도 사랑하는 사이라니 결혼시켰더니 씩씩한 손자녀석도 낳고 잘살고 있으니 다행이구나. 네가 40세가 되었는데 내 눈에는 어릴 적 귀여운 모습으로 보일 때가 있단다. 다른 젊은이들을 보면 대단해보이고 어려워서 '요' 자를 붙여서 존댓말을 하는데….

너는 어릴 적부터 상대방을 배려할 줄 아는 착한 아이였단다. 1970년대만 해도 경제사정이 요즘보다 낮고 고기는 귀한 음식이었다. 손님대접하고 남은 소갈비로 갈비탕을 끓여서 너의 삼 남매에게 갈비 한 토막씩 넣어주었는데, 누나와 형은 다 먹고 너는 국물만 먹으며 아끼던 고기를, 누나가 하나 더 먹고 싶다 하니 선뜻 건져주며 아껴 먹으라고 하더구나. 너무나 감동을 받아 두고두고 잊을 수가 없단다. 제일 어린 동생이었는데, 그때 너의 삼 남매가 초등학교 들어가기 전인 것 같다. 신대방동 코너 상가 건물에 살 적이니까.

또 네가 중학교 때 생일이 되어서 친구들을 초대했는데 선물은 가져오지 말라고 하였다면서도 빈손으로 모두들 와서 생일잔치를 할 때, 서운해 하는 너의 얼굴을 보고 이 엄마는 뒤돌아서서 웃었단다. 그리고 대학 다닐 때도 학교 안 가는 날은 막노동판에 가서 하루 일당을 벌어 군에 가는 선후배들 밥 사주고 하니까 항상 네 주변에는 친구들이 많았었지.

그런데 너한테 딱 한 가지 좋지 않은 습관이자 단점이 있단다. 저녁에 잠 안 자고 아침에 늦게 일어나서 학교 다닐 때도 힘들었고, 키가 너무 크다는 이유로 방위 받을 적에도 일찍 일어나지 못하여 아프다고 부대에다 전화해 달라고 했었지. 엄마는 너의 이런 버릇 때문에 사회생활은 어떻게 할까 싶어 걱정이 되었다.

어느 날 밤에 교회서 10여 명이 모여 가정 문제를 내어놓고 기도하는데 부끄럽지만, 너의 늦잠 자는 습관과 아버지는 혈압이 높은데도 하루에 담배 세 갑반을 피우는 것 끊게 해달라고 기도부탁 했었지. 그날 이후 아빠는 담배를 뚝 끊게 되었다. 담배가 자기하고 아무 상관이 없는 것 같더란다. 의지로는 담배를 끊을 분이 못 되는데 간절한 기도 덕분일 거다. 그런데 너는 좋지 않은 습관을 버리지 못하였구나. 그래도 엄마는 믿는다. 강한 의지력으로 극복할 것이라고, 성서에 '자기 마음을 다스리는 자는 성(城)을 빼앗는 것보다 낫다'고 하질 않았는가.

금년 봄에는 네가 부장으로 승진했다고 좋아했는데, 1년도 못가서 낙하산을 타고 내려가게 되었다니 나도 마음이 좋지 않다. 누나와 형 말은 네가 회사 일을 잘해서 외국도 자주 나가는데, 회사에 출근 성적이 불규칙해서 그럴 거라고 하였다. 자존심이 상해도 참고 네 자신을 돌아보며 성실하게 근무하면 좋은 날이 올 수도 있겠지, 너의 좋지 않은 습관을 고치지 못한 것이 이 어미 탓인 것 같아 미안하고 마음이 아프구나.

사랑하는 아들아 너의 단점을 장점으로 바꿀 수는 없겠니? 그러면 너는 성공적인 삶을 살고 행복할 거야.

2011. 6. 30. 엄마가.

화이트데이

오늘이 화이트데이라고 한다. 남자가 사랑하는 여자한테 사탕 같은 선물을 주는 날이란다. 또 여자가 남자한테 초콜릿 주는 날은 밸런타인데이라고 한다. 젊은 사람들이 좋아하는 이성친구한테 선물을 주며 마음을 전하는 날인가 보다.

그날이면 백화점이나 제과점 같은 데서 예쁘게 포장한 초콜릿들이 진열되어 팔려갈 주인을 기다린다. 하기야 몇 년 전에 딸과 함께 백화점 갔을 때, 밸런타인데이라며 자기 남편 줄 것과 친정아버지 몫도 사서 준 일이 있다. 남편은 예쁜 포장을 뜯어서 먹기 아까운 초콜릿을 하나하나 입에 넣으며 장사하려고 만든 날이라고 하면서도 좋아했었다.

그런데 오늘 사위한테서 전화가 왔다.

"어머니, 오늘 시간 있으세요? 점심이나 대접하고 싶어서요." 한다. 십여 년 동안을 장모님이라고 부르더니, 작년부터 어머니라고 부른다. 요즈음은 장모보고 어머니라고 다들 부르지만, 우리 사위는 장모님이라고 불렀다. 그래도 서운하지 않았었다. 사돈하고 한 동네 살아 친자매같이 지내면서 맛있는 음식을 나누어 먹고 한 자리에 있을 때도 많으니까 어머니와 장모님이라 부르는 것도 괜찮았다.

요즈음 나는 딸과 사이가 안 좋다. 딸은 부모가 능력 있어 도와주는 부모를 원하고, 나는 딸이 친정어머니한테 더 잘 하기를 원하기 때문이다. 그래서 사위에게까지 서운하고 야속한 생각이 들었다. 딸은 넷째아이를 임신 중이다. 딸이 셋이라 아들을 낳기 위해서다. 신경이 예민한 상태이니 나와 둘이만 만나서 식사하며 오해를 풀자는 것이다. 그래도 전화를 받고 안 나갈까 몇 번이나 망설이다가 나섰는데 찾아가기가 힘들어서 만나자는 대답을 한 것이 후회가 되었다. 우리 동네 가까운 식당도 많은데, 또 승용차로 데리러 오던지 밥 한 끼 먹자고 이렇게 힘들게 찾아가야 하나 싶었다. 회사일이 바쁘니까 점심시간을 내어 만나자는 건가 생각하면서도….

지하철을 반대로 타고 헤매다보니 약속시간보다 10분 정도 늦었다. 깔끔한 일식집에다 예약을 해놓았다. "어머니, 찾아오시느라고 수고 하셨어요." 하며 선물 봉투를 내놓는다. "오늘이 화이트데이에요"라고 한다. 예쁘게 포장한 초콜릿상자와 핑크색 카드에는 '사랑하는 어머니에게'라 쓴 편지도 넣었다. 오랜만에 비록 사위지만, 이성한테 핑크빛 편지와 초콜릿을 받고 보니 서운했던 마음이 봄눈 녹듯이 풀리고 가슴이 따뜻해졌다. 생선 초밥도 맛있었다.

고목나무에 꽃이 피고 나비가 날아든 것 같아 화기애애해졌다. 사위 덕분이다. 아니, 화이트데이 덕분이다.

지우 일기

12월 20일 아침 8시에 지우는 눈을 비비며 주방으로 오더니 나를 보고 실눈을 뜨고 웃는다.

"우리 박지우, 벌써 일어났어, 우유줄까?"

물 160cc에 우유 4스푼을 넣어 타서 안고 먹이니 반절쯤 먹고 남긴다.

문학모임에 가려면 집에서 9시에 나가야 늦지 않는다. 지우를 두고 어떻게 갈까 걱정이다. "지우 보는 아줌마가 아직 안 오네!" 하고 망설이자 친정어머니는 놓고 가면 돌보겠다고 하신다. 안개가 서린 눈빛으로 나를 쳐다보는 것을 어떻게 두고 가나하고 있을 때 지우한테 큼큼한 냄새가 난다. 궁둥이를 열어보니 쌌다.

"에고 아줌마 오면 싸지."

그래도 아침 일찍 볼일 보는 게 몸에 좋다고 생각하며 깨끗이 닦아내고 새 기저귀를 채웠다. 그때 마침 아주머니가 와서 나올 수 있었다.

오후 3시쯤 되었을 때 집에 잠깐 들러보니 지우와 아줌마가 안 보여서 어디 갔느냐고 어머니께 물어보니 방에서 잔다고 한다. 미국에서 지우 엄마한테 전화가 왔었다고 했다. 내가 있었으면 인터넷 화상으로 지우가 엄마 아빠 얼굴을 봤을 것을…. 그렇지 않아도 컴퓨터 있는 방에 가서 의자에 앉아 자판기를 치라고 손가락으로 가리키며 킁킁거렸었다. 어린 것이 말은 못해도 엄마 아빠 얼굴을 보면 무어라고 고함을 지르며 컴퓨터에 나오는 제 엄마 얼굴에 대고 뽀뽀를 퍼붓는다. 제 엄마도 화상으로 아이를 보다가 눈물이 나오는 것 같아 얼굴을 돌리고 누나들만 아이를 어르고 있다.

그럴 때마다 친정어머니는 어떻게 낳은 자식인데, 어린 것을 떼어놓고 미국은 왜 가느냐고 책망하신다. "딸 셋 낳고, 나이 먹어서 난 아들인데" 하신다. 나 역시도 어린애를 데리고 가는 것도 놓고 가는 것도 반대를 했었다. 그렇지만 이해가 간다. 큰손녀 18세 정문이가 유학을 간 지도 한 2년 된 것 같은데 둘째 손녀 성문이도 언니와 유학을 시키려면 학교도 알아보고 준비하는 일이 있기 때문에 1개월 작정하고 간 것이다. 또 셋째 태영이 3학년짜리도 한 달 동안 영어 학원을 보내려고 데리고 간 것 같다. 돌이 지난 지 몇 개월 된 지우는 돌보는 아줌마가 잘 보니, 우리 집에 와서 돌봐달라고 한 것이다.

또 사위가 우리 집에다 컴퓨터를 최신형으로 사서 설치해주고 인터넷 전화하기 위해 카메라까지 달아주었다. 나는 그동안 집에 컴이 없고 가게만 있어서 메일을 보려면 불편했는데 참 고맙다. 어디 그뿐인가. 몇 개월 전 응접세트와 TV도 최신형으로 사주었다. 그러니 나가는 일이 많은 나지만, 아기를 1개월도 못 본다고 할 수가 없었다. 더군다나 아줌마까지 보내주는데….

이제 나가는 횟수를 줄이고 1개월 맡은 기간 아무 탈 없이 잘 보아야지, 새벽예배나 밤 예배를 못 나가게 되겠다.

나는 다시 '관악문집' 출판기념회 준비 때문에 나가야했다. 금년까지 사무국장 일을 보니 연말 결산보고도 깨끗이 하고 끝내야 한다. 저녁 먹고 집에 왔을 때는 8시쯤 되었다. 그런데 지우는 또 자고 있었다.

"아니 지우가 아까도 잤는데 또 자나요?"아까 많이 잤으니까.

재우지 말고 2시간 정도 놀다가 12시쯤 자게 하라고 했다.

지우가 깨서 나왔을 때는 비실비실하며 아줌마한테 꼭 안겨서 떨어지지 않으려한다. 어리광이 어제보다도 더 늘어서 우는 것으로 해결하려고 한다. 어제는 할아버지한테 가서도 웃으며 놀려고 해서 아이도 현실을 받아들이며 적응하려고 한다고 하며 웃었다. 내가 며칠 전 미끄러져 허리에 충격이 왔는지 안 좋아서 업어 주지를 못하니 지우도 업히려 하지 않는다. 눈치가 빤하다. 그런데 아줌마는 잘 안아주고 업어주니 안 떨어지려 하고 또 안고 어르면 잠을 자는 것 같다.

어린애를 기르는 교육 방법이 이건 아닌 것 같다. 귀하다고 뜻을 다 받아주면 커서 의타심이 많고 유약한 사람이 되는 것은 아닌지. 아이가 걸어가다 넘어져도 일으키지 않고 자기가 일어나게 하는 것을 보았다. 어려서부터 스스로 할 수 있게 하는 게 교육 아닌가. 유대인의 탈무드에서도 어린아이 교육은 유명하다. 총명한 우리 지우는 강한 사람으로 자랐으면 하는 바람이다.

일본 기행

서울대학교에서 시민 사범대학과정을 수료하고 60여 명이 일본으로 2박 3일 역사 탐방을 다녀왔다. 3월 31일 오후 2시, 인천 공항을 출발하여 두 시간이 못되어 일본 간사이공항에 도착하였다. 일본은 우리와 가까운 이웃나라이며 선진국이기에 한 번쯤은 가볼만 하지만, 관광으로는 별로인 것 같다. 그래도 다섯 가지는 눈으로 보고 깨달았다.

일본은 4개의 큰 섬과 작은 섬 6천여 개로 이뤄져 있다고 하지만, 남한 땅의 3.7배이며 아이누족, 원주민(일본토종), 한반도, 중국, 동남아 피가 섞여 단일민족이 아니라 한다. 인구는 1억 3천 만 명으로 대한민국의 3배가량이란다. 우리나라는 대륙성기후인데, 일본은 온대다우기후라 했다.

첫째 날 간사이공항에 도착하여 입국절차를 밟느라 줄 서 있는데 70세 가까이 보이는 노인이 공항 직원을 도와 일을 하고 있었다. 세계에서 노인 인구가 제일 많다고 하지만, 65세 이상 되어 뒷전으로 밀려난 분들에게 실비로 일할 수 있는 자리를 마련해 준단다. 우리나라 노인들은 퇴직 후 하릴없이 공원이나 지하철 같은데서 신문만 뒤척이며 무료한 시간을 보내고 있는데, 부러웠다.

또 공항을 나올 때 대합실 한 쪽에 단체 여행단으로 보이는 일본 중·고생들이 40명 정도 나란히 앉아 앞에서 설명하는 사람의 말을 놓칠세라 조용히 듣고 있었다. 네다섯 살부터 질서를 잘 지켜 남에게 피해를 주지 말라고 교육한다더니, 역시 질서정연했다.

간사이 자스크 호텔에 짐을 풀고 가이드가 일본 돈 1,000엔을 각자에게 나눠주며 저녁은 쇼핑을 하면서 자유스럽게 사 먹어보라고 했다. 몇 사람씩 식당가를 두리번거리다가 견본으로 붙여 놓은 그림을 보고 850엔짜리를 시켰는데 국수 몇 가닥에 단무지 잘게 썬 것이 전부였다. 우리나라 분식집 수준이다. 한국 같으면 '김치 좀 더 주셔요!' 하면 목침 같은 깍두기나 김치를 무료로 주는 인심인데, 별 수 없이 서운하게 저녁을 먹었다. 일본은 음식 값이 비싸고 추가하면 돈을 더 내야 한다는 말은 들었지만 현실로 부딪쳐 보니 사실이다.

저녁 후에 쇼핑센터를 구경하며 손자들 도시락을 사려고 종업원한테 서투른 영어로 손짓 발짓을 하며 말을 해도 못 알아듣고 다른 종업원을 불러와도 마찬가지라 얼마나 웃었는지 모른다. 우리나라 종업원 같으면 영어를 알아들을 텐데, 일본 사람들은 자기네 말만 한다고 했다.

이튿날 천년고도 교토로 이동했다. 절벽 위에 세워져 교토 시내가 한눈에 보이고 불로장생의 약수터가 있는 기요미즈데라(清水寺)에 갔었다. 언덕과 많은 계단을 올라간 곳에 위치에 있으며 780년에 '나라'에서 온 승려 엔친이 세운 것으로 알려져 있다. 여러 번의 화재로 인해 소실되어 1633년에 재건되었다고 했다. 본당의 마루는 139개의 나무 기둥이 받치고 있다. 절벽 위에 기둥을 받쳐 세운 것이 명물인 것 같다.

일본의 국화인 벚나무는 절벽 사이에도 자라나서 운치를 이룬다. 철이 이른지 꽃이 활짝 피지 않았는데, 이곳의 벚꽃나무는 버들가지같이 늘어져 가지에 달린 꽃봉오리는 마치 처녀 앞가슴의 젖꼭지 같이 불그레하니 탄력 있고 예뻤다.

우리 일행은 망원경으로 교토 시내를 보기도 하고 여기저기서 사진 촬영도 하였다. 머리가 희끗희끗한 5, 60대 할아버지 할머니들이 함박꽃같이 웃으며 종종걸음치고 즐거워하는 모습들이다. 그 아래는 물을 마실 수 있는 작은 폭포가 있었다. 장수, 건강, 학문의 이치를 깨닫게 해준다는 약수를 안 먹고 올

수는 없었다. 나중에 알고 보니 내가 실수를 한 것이다. 우리 일행 중 남자 분 한 분이 약수 떠 마시는 모습을 사진 찍어 달라고 손짓 하는 바람에 나도 빨리 그 옆에 가 물을 한 종지 떠 마시고 왔다. 옆쪽으로 줄을 길게 서 있는 것을 나중에야 알았다. 얼마나 부끄러웠는지, 한국 사람인 줄 알면 어떻게 하나, 나라 망신시키는 건 아닌지 본의 아니게 질서를 지키지 못했다. 우리네 같으면 찡그리며 한마디 했을 것이다.

일본은 생각보다 교통이 많이 밀리지 않았다. 기요미즈데라에 올라갈 때 버스에서, 일본에 유학하여 자격증을 가지고 있는 가이드가 한 말에 의하면, 4년 전 우리나라 관광객을 인솔하고 기요미즈데라로 올라가는데 자기네 기사가 실수로 살짝 교통사고가 난 일이 있었다 한다. 상대편 기사는 일본인 아가씨였는데, 조금 후에 노신사 한 분이 버스에 올라와서, 즐거운 여행에 자기 딸의 운전 부주의로 기분을 상하게 해서 죄송하다며 몇 번이고 허리를 굽혀 절을 하며 갔다고 한다. 우리네 같으면 서로가 얼굴 붉히고 언성을 높였을 것인데….

백제 의자왕의 여동생이 '나라'라고 이름 지은 곳에 있는 도다 이지 동대사에 갔었다. 세계 최대 대불(大佛)이 있는데 앉은 키가 16미터, 얼굴길이가 5미터나 되어 속칭 '나라대불'이라고 한다. 시공하는 사람이 500명이었는데, 그중 한국 사람이 250명이었다고 했다. 사역(寺域)이 넓어 당우(堂宇)가 흩어져 있지만, 중심인 대불전, 즉 금당(金堂)은 에도(江戶)시대에 재건된 것으로서 높이가 47.5미터나 되는 세계 최대의 목조건물이다.

사내에는 '신의 사자'로 소중히 여기는 사슴들이 1천여 마리나 방목되어 있다고 한다. 그런데 사슴의 상징인 뿔이 다 잘라지고 없어서 귀해 보이지 않아 알아보니, 봄부터 자란 수사슴의 뿔은 가을이 되면 딱딱해져 사람들에게 위해(危害)를 가할 수 있기 때문에 신칸(神官)이 매년 다섯 번에 걸쳐 사슴뿔을 자른다고 했다. 사슴은 큰 눈을 껌뻑거리며 사람과 노닐고, 옆에서 사진을 찍어도 가만히 있었다. 우리는 오사카로 이동하며 가이드의 끊임없는 설명을 들었다. 그중에서 가장 기억에 남는 것은 명예를 목숨보다 귀히 여기는 사무라이의 정신이었다. 어떠한 상황에서도 비굴하지 않고 실수까지 책임지며 할복(割腹)을 해서라도 명예를 지키려는 것이다. 일본 역시 옛날 조상들의 생활은 어려웠다고 한다. 떡장사와 사무라이의 아들이 다투고 있을 때, 아버지인 사무라이가 지나가다가 이유를 물은즉 '당신 아들이 내 떡을 훔쳐 먹었소' 하고, 아들은 떡을 훔쳐 먹지 않았다니 사무라이는 큰 칼을 빼서 아들의 목이 아닌 배를 쳐서 두 동강이 내고 떡장수한테 '네가 내 아들 뱃속에서 떡을 찾아보아라' 했다고 한다. 이 얼마나 무섭고 끔찍한 일인가. 아들을 죽여서까지 치욕을 면하고 명예를 지키려고 했으니….

셋째 날 고베(神戶 Kobe)에 갔었다. 정치, 경제, 문화의 중심지를 이루는 국제무역도시로, 일본 제3위의 무역항이라는 곳이다. 1995년 관서대지진 당시, 고베 앞바다의 아와지 섬은 사망자 4,484명, 부상자 14,679명, 수많은 가옥이 완전 파괴된 큰 피해를 입었다고 한다. 우리는 고베 앞바다 지진 난 곳을 가보고 참담했던 일을 가이드한테 설명 들었다. 그들은 흔적을 메우지 않고 그대로 놔두었다.

그리고 가장 오래된 '아니마 온천'에 갔었다. 고베시 북부, '우라롯코'라고 불리는 지역에 있으며 8세기에 스님에 의해 휴양시설이 세워진 것이 시작이라고 전해지고 있다. 해수의 2배나 되는 염분을 포함한 염전과 사이다의 원료로 쓰이는 탄산수 외에 라듐샘 등의 풍부한 원천이 있다고 해서 관광 코스에 들어 있다. 큰 기대를 하며 갔는데 시설은 우리 동네 보통 사우나만도 못했다. 온천물은 녹물같이 빨간색이었다. 그래도 약이 된다니 탕 속에 들어가 땀을 냈다.

차창 밖으로 보이는 일본의 집들은 거의가 목조 건물에 까만 지붕이고 가끔 보이는 아파트는 높아봐야 6, 7층이다. 베란다에는 새시가 없는데 이는 지진이 나면 빨리 탈출하기 위해서라고 했다. 38일에 한 번 꼴로 지진이 일어나 신발장 위에 배낭, 손전등, 산소 호흡기 등을 비치해 놓고 긴장 속에 산다니 참 안타까운 일이다.

그래서 그들은 대륙으로 진출하고자 하는 욕망으로 54㎞나

되는 해저터널을 만들어 위에는 긴 다리를 놓았고, 공사기간이 45년이나 걸렸다고 한다. 우리나라도 통영 앞바다 해저터널이 제일 먼저 생겼다는 것을 알았다. 평화댐 공사기간이 25년 걸리긴 했지만, 그래도 우리는 행복한 것이다. 아파트마다 알루미늄새시를 하고 유리를 끼워 주택마다 개인 취향대로 꾸미고 산다. 하지만 우리도 일본을 따라가려면 긴장하며 미래의 유산인 영유아 교육에 더 많이 투자했으면 한다.

집 나온 개

우리 가게에 개 한 마리가 들어와 내 발을 핥고 꼬리를 흔들며 주위를 맴돈다. "귀엽구나!" 하며 머리를 만져주니 나가지 않고 앉아있다. 갈색 털이 길고 말끔하니 예뻤다. 나중에 알고 보니 요크셔테리어라고 했다.

주인이 찾으러올까 하고 기다렸지만, 가게 문 닫을 시간이 되어도 오지 않았다. 할 수 없이 집에 가는데 깡충깡충 뛰며 따라왔다. 마루 한 쪽에 신문지를 깔고 너는 여기서 자라 했는데, 아침에 화장실 가보니 새끼 손가락만한 똥 한 덩어리를 싸 놓았다. 시키지도 않았는데 신통했다. 훈련이 잘 된 개 같았다.

그런데 현관문이 열리자 후다닥 뛰어 나갔다. 조금 후에 쫓아가 찾았으나 어디로 갔는지 없다. 집나가는 근성이 있구나.

'길러보려 했지만 할 수 없지' 하고 있는데 한 30분 지났을까, 안방 문 앞에 와서 멍멍 짖으며 발로 문을 긁는다. 나갔다 찾아온 것이다. 또 한 번 신통했다. 그래서 목욕을 시켜주고 눈을 가리도록 자란 털도 가위로 잘라 주었다. 데리고 나와 목줄을 예쁜 것으로 사서 매어주고 밥도 큰 봉지로 샀다. 애견 가게 아저씨 말에 의하면 '요크셔테리어' 영국 개 종류며 생후 1년쯤 되었다고 했다.

그런데 밥을 잘 먹지를 않는다. 현관문 쪽을 바라보며 나를 보고 멍멍 짖어댄다. 혹시 살던 집이나 제 어미가 그리운가 싶었다. 그래서 주인을 찾아주려고 사람이 많이 모이는 은행과 재래시장을 데리고 다녀도 주인이 나타나지 않는다. 이렇게 예쁜 개를 왜 찾지 않을까 생각했다.

내가 전에 기르던 푸들 개를 잃어버렸을 때 애들 삼 남매가 울며불며 찾던 일이 생각났다. 개 그림을 그려 현상금까지 붙이고 다녔다. 푸들은 독일계인데 털이 꼬부라지고 하얀색이 많은데 까만 털이라 더 귀해 보이고 영리했다. 남편이 들어오면 힘이 제일 센 사람인 줄 아는지 꼬리를 흔들며 애교를 부렸다. 입으로 양말을 벗겨서 세면장에 가져다 놓기도 했다. 그런 개를 잃어버리고 찾지 못했다.

그런데 요크셔 주인은 찾지 못했어도 우리 집까지 오게 된 과정을 알았다.

한 직장 여성이 퇴근하여 집으로 가는데 예쁜 개가 졸졸 따라오더란다. 그날 밤 하도 짖어대니 그의 남편이 시끄럽다며 내어보내라고 했지만 그럴 수가 없어서 다음날 강북인 우리 동네 친정집에 맡겼다고 했다. 친정집에도 이미 두 마리 개를 기르고 있었는데, 텃세를 하고 시끄럽게 싸우며 짖어대니 이웃집서 신고까지 했다고 한다. 개 때문에 이웃 간 입씨름을 하고 보니 속이 상해 대문을 열어 놓았더니 후다닥 뛰어 나갔단다. 제가 살아야 되는 집이 아니다 싶었나 보다. 살 집을 찾아 나한테 온 것이었다. 어린 것이 집나간 개가 되어 천대를 받게 된 것이다. 어미 생각나 집을 나섰다가 그만 길을 잃어 버렸을까, 가엾다.

애들 어릴 때 잡종 개를 기르는데, 주먹만한 고양이 새끼가 한 마리 생겨서 개집에 넣어 밥을 같이 주며 길렀다. 어떻게 된 일인지 고양이는 허리를 길게 뻗었고, 개는 늘어져 기운이 없어 눈을 못 뜰 정도다. 자세히 살펴보니 개가 옆으로 누워 고양이를 끌어안고 젖을 먹이고 있었다. 깜짝 놀랐다. 어찌 이럴 수가! 아직 새끼를 낳은 적이 없는데 고양이가 젖을 빨아서 젖꼭지마다 통통 불어 있었다.

개와 고양이는 상극이라는데, 개는 기분이 좋으면 꼬리를 세우고 고양이는 꼬리를 내린다. 의사소통이 틀리기 때문에 싸운다고 했다. 그런데 어린 고양이가 어미를 찾으며 울었는지, 달래며 젖꼭지를 물리니 젖이 나왔나 보다. 서로 떼어놓으면 야웅야웅 하며 어린아이 젖 달라고 보채듯하고 어미가 안타까워하듯 했다. 짐승도 종족은 틀리지만 모성은 같나 보았다. 사람이 피부색갈이 틀려도 입양해 친자식같이 기르는 거와 같다.

얼마 후에 그 개가 새끼 네 마리를 낳았다. 또 같이 기르던 개도 새끼 네 마리를 낳았으니 우리 집에 개가 열 마리나 되었다. 겨울인데 도저히 다 기를 수가 없었다. 지금같이 개밥을 사서 준다는 것은 엄두도 못 내던 시절이다. 애들 먹던 밥찌꺼기가 전부였다. 어미와 떼어 놓는 것이 안쓰러웠지만. 이웃집에 나누어 주었다. 그런데 어미가 돌아다니다 정육점에서 버린 돼지 꼬리를 물고 와서 새끼가 없으니 멍멍 짖으며 나를 보고 어디 갔냐고 묻는 것 같아 미안했다.

그 후 살던 집을 팔고 도로 건너로 이사를 하게 되었다. 살던 동네 우편물 가지러 갔을 때 강아지들이 나의 발자국 소리를 들었는지 아니면 옛 주인의 냄새를 맡아서인지 멍멍 짖으며 철 대문 밑으로 발을 내밀고 울부짖어 가슴이 아팠다. 다른 집에도 강아지가 잘 있는지 가보았다. 내 말소리를 듣고 뛰어나와 가슴에 안겨 얼굴과 목덜미를 핥으며 너무너무 좋아했다. 이 광경을 본 주인이 어디 내가 안아 보아야지 하며 안았지만, 그렇게 좋아하지 않았다. 나는 지금도 그 귀여운 강아지를 잊을 수가 없다.

태어난 탯자리를 아는 것이다. 나를 보았을 때 어미 생각이 났을 것이다. 어미인들 얼마나 보고 싶으면, 찻길 건너 새끼 보러 다니다가 교통사고로 죽었을까. 너무도 가슴 아파 그 이후 개를 기르지 않았다. 예쁜 요크셔도 잘 기를 자신이 없어 귀여워하고 예뻐할 집으로 딸 시집보내는 마음으로 짐 챙겨서 보내야겠다.

살아서 부활

"살아서 부활이다."

남편이 두 손자 녀석들을 보내고 현관에 들어서면서 하는 말이다. 집안을 온통 쑥대밭을 만들어 놓고 갔어도 좋기만 한가 보다.

부활? 순간 남편의 얼굴을 보며 어리둥절했다. 아직 부활절이 일주일이나 남았는데…. 기독교에서는 주후 325년 니케아 종교 회의에서 정한 대로 춘분 후에 오는 만월 후 첫 일요일을, 크리스마스 다음 두 번째 큰 행사인 부활절로 보낸다. 그래서 교회마다 '예수 다시 사셨네' 현수막을 걸고 부활절 칸타타 준비를 한다.

그러나 남편이 말한 부활이란 뜻은 눈에 넣어도 아프지 않은 손자들을 보고 한 말이다. 요즈음 신나는 일도 없고 무미건조하게 보내다가 손자만 왔다 가면 삶의 윤활유와 활력소가 생기는가 보다. 과묵한 성격에 감정 표현을 잘 하지 않는 사람이지만, 이 말만은 가장 솔직하고도 명쾌한 속 드러냄이다.

칠십 고개를 내다보는 나이라서 그런지, 노쇠한 근력에 휘청거리는 걸음걸이며 거무스름하니 두껍게 늘어진 피부, 허옇게 서리 내린 머리카락, 힘없는 목소리며 빛깔도 향기도 없다. 그래서 삶의 진짜 맛을 잊고 건조한 생활을 하는 우리 부부에게 손자야말로 삶의 활력을 주는 부활이 틀림없다.

어린 손자들은 막 돋아난 움이요, 연두빛깔 나는 곱디고운 싹이다. 사과 같은 얼굴, 수정같이 맑은 눈, 꾸밈없는 의사표시, 이 세상에서 가장 아름다운 찬사의 말을 한들 다 표현할 수 없다. 신의 가장 아름다운 작품이다. 그래서 살아서 부활이다.

삼 남매가 결혼하여 제 둥지에서 살다가 일요일 오후에는 아이들을 데리고 우리 집에 와서 북새통을 떨고는 간다. 큰딸의 외손녀 세 자매가 동요를 부르면 두 아들의 손자들은 엉덩이를 흔들며 한쪽 발을 들었다 놓았다 춤을 추며 손뼉을 친다. 작은아들네 손자는 두 돌이 지났고, 큰아들 아이는 6개월 늦지만 나이가 같으니 잘 논다. 노래를 부르면 신이 나서 흔드는 모습에 절로 웃음이 나온다.

사촌간이긴 해도 성격이 다르다. 작은아들 손자 하랑이는 삼

손같이 힘이 세다. 있는 힘을 다해 얼굴이 벌게지도록 고함을 지르면 온 가족이 배꼽을 잡는다. 큰아들네 찬영이는 귀공자같이 생겨 가지고 웬 호기심이 그렇게 많은지, 책상, 문갑 서랍을 다 빼보고 화장대 위에 화장품도 열어본다. 주방에 가서 싱크대 냄비 뚜껑까지 열어 봐야 속이 시원한가 보다. 이다음 과학자가 될는지, 이렇게 온 집안을 뒤집어 놓았지만, 웃음꽃을 활짝 피워놓고 갔기 때문에 생기가 돈다. 기쁘기만 하다.

며칠 전에 까만 아이라인 눈 화장품 하나를 사서 화장대 위에 놓았는데 없어졌다. 손자들이 간 다음 방을 치울 때 쓰레기 봉투에 넣었나싶어 고무장갑을 끼고 다 쏟아서 찾아보았지만 없었다. 한 번도 쓰지 않은 것이 아까웠다. 그런데 다음날 건넌방에 가보니 제 아비가 쓰던 침대 매트에 그 문제의 까만 아이라인으로 온통 그림을 그려놓고 망가트려 놓았다. 나는 화 대신 피식 웃음이 나왔다. 그래도 손자가 얄밉지 않았다. 저만 아는 할머니의 예쁜 모습을 잔뜩 그려놓았으니까.

그래서 녀석들은 이 할머니에게도 '살아서 부활'이다.

김치찌개 · 1

3월초에 12일 동안 성지순례를 가게 되었다. 남편 혼자 식사를 해결해야 하는 게 제일 마음에 걸렸다. 같이 동행하기를 권했지만, 할 일이 있다며 잘 다녀오라고 했다.

평소에 좋아하는 생선을 준비했다. 한 끼 먹기 좋게 손질된 자반고등어를 냉동실에 넣어놓고, 또 김치찌개를 큰 냄비에 끓여 놓았다. 교회에서 해마다 성지순례를 단체로 다녀오지만, 나는 시간과 여건이 아니 되었다. 금년이 칠순인데 이번 기회에 못 가면 다시 못 갈 것 같아 작정하고 떠났다.

이스탄불, 이집트, 요르단, 이스라엘 이렇게 국경을 넘을 때마다 살벌하고 여권 검사가 심해 간첩이나 범죄자 같은 취급을 받았다. 일행 중에 더러는 큰 가방을 뒤집어 보여줘야 했다.

피부도 언어도 틀린 그들 앞에 서면 긴장하고 얼굴이 굳어진다. 나는 가이드가 가르쳐준 인사말로 "휴크린" 하고 웃어주면 그냥 통과되었다. 앞사람이 걸려서 걱정하며 지켜보던 가이드가 엄지손가락을 들며 최고라고 하였다.

책이나 텔레비전에서 보던 이집트의 피라미드를 볼 때는 꿈인가 싶었다. 피라미드 앞에서 돈을 내고 나귀를 타는 사람도 있었으나 나는 무서워 타지 않았다. 또 베들레헴 예수님 탄생교회, 아기예수 피난교회, 마리아 기념교회, 만나와 메추라기를 내려 주었던 광야, 시내산, 골고다언덕 십자가의 길을 걸으며 엄숙한 모습으로 체험하였다. 마침 고난주간이라 은혜로웠고 선교사인 가이드의 신·구약 설명이 다시 한 번 하나님의 능력과 사랑을 깨닫게 했다.

넓은 광야는 풀 한 포기 없는 붉은 흙뿐이었다. 물도 귀할뿐더러 식생활도 빵이나 고기 한 토막이다. 몸의 에너지를 보충하기 위해 먹어야만 했다. 어쩌다 한식으로 김치찌개가 나올 때는 일행 모두가 좋아했다. 어느 식당주인은 한국의 김치찌개 끓이는 것을 배웠다는데, 찌개도 아니고 국도 아니지만, 일행 모두 잘 먹었다.

하루는 가이드가 한국 선교회에서 도시락을 준비했으니, 조금만 있으면 점심을 준다고 했다. 그때가 세시도 넘은 것 같았다. 버스 안에서 주면 될 걸 배가 고픈데 참으란 말인가, 하며 불평을 했으나 버스 안에서는 음식을 못 먹게 한다고 했다. 들에 앉아 밥 먹을 곳을 찾아 달리는 차창 밖은 모래와 흙뿐이고 메말라 갈증을 느끼게 하는 것이, 나의 위장 속 같았다. 얼마를 달렸는지, 잔디가 조금 펼쳐진 곳에 앉아 먹는 도시락은 꿀맛이었다. 좋은 쌀로 지은 밥과 여러 가지 반찬, 김치찌개는 한국의 맛이었다. 금강산도 식후경이란 말이 실감났다.

10일 간 성지순례를 하고 몸은 파김치가 되었지만 마음은 충전되어 충만했다. 기뻤다. 집에 와보니 떠날 때 해놓은 김치찌개가 조금 남아 있어서 버리려고 하다가 맛을 보니 상하지도 않았고, 얼마나 맛이 있는지 국물 한 방울도 남기지 않고 밥과 함께 다 먹었다. 나는 한국 사람이다. 송충이는 솔잎을 먹어야 산다고 했던가.

또 5월 말경에 동유럽을 12박으로 떠나게 되었다. 한 5년 전부터 칠순 여행을 가자고 단체로 적금을 넣었다. 나는 큰아들이 매월 적금을 불입해 주었는데, 300만원이 넘었다. 여행비는 충분했지만 망설이게 되었다. 친정어머니가 90이 되었고, 요즈음 들어 몸이 쇠약해지며 음식을 잘 못 드시니 만약에 여행 중에 돌아가시면 어떻게 하나 싶어서다. 모시고 있는 친정올케 말이 "아직은 괜찮을 것 같으니 다녀오세요." 해서 가게 되었다. 다른 사람은 집을 떠날 때 곰국을 끓여 놓고 간다는데, 나는 또 김치찌개를 많이 해서 냉장고에 두고 떠났다.

동유럽은 풍요롭고 낭만적인 도시다. 그림에서나 보던 풍경이다. 가도 가도 끝없는 푸른 초원 위에 빨간 삼각 지붕들, 잘 다듬어진 잔디 위에 늘씬하게 서 있는 나무는 한 폭의 그림 같다. 그래서 유명한 예술가들이 많이 나오고 노벨상 받은 사람이 많은지, 헝가리 같은 나라는 전 국민이 2년 동안 일하지 않고 나무만 팔아도 먹고 살 수 있다니 부럽기 짝이 없다. 독일, 폴란드, 슬로바키아, 헝가리, 슬로베니아, 오스트리아, 크로아티아, 체코 8개국이다. 모두가 잘사는 나라들이다.

도로변에 건축물은 하나같이 견고하고 아름다웠다. 50~100년 되었다 해도 깨끗했다. 나라마다 가톨릭교회는 문화유산이다. 고대, 중세유적이 잘 보전되어서 관광수입들이 많은 나라다. 관광지를 보기 위해 한두 시간씩 버스가 달려야 했지만, 알프스산맥을 거쳐 자연풍광을 감상하게 되어 지루한 줄 몰랐다. 눈이 녹아내리는 만년설 산봉우리가 나올 때마다 모두 함성이 터져 나오고, 카메라나 스마트폰에 담느라고 정신이 없었다.

여행 둘째 날은 천국과 지옥을 왔다 갔다 한 것 같다. 제2차 세계대전 중에 폴란드남부 아우슈비츠 유태인 강제수용소 내부 관람에 충격을 받았다. 너무도 끔찍했다. 나치가 유럽 전 지역에 흩어져 살고 있던 유태인들을 색출하여 광적으로 죽였다. 학살의 생생한 현장으로 400만 명을 죽음으로 몰고 간 가스실, 철벽, 군영, 고문실 등이다. 머리카락으로 천까지 짰다. 인간으로서 도저히 용납할 수 없는 만행이다. 그 당시 좀 잘 사는 유대인들은 이주하는 걸로 생각하고 귀중품을 챙겨 온 것 같다. 안경, 신발 벗어놓은 것만 해도 몇 트럭 된다. 어린이 신발, 장난감도 그렇다. 그들은 목욕하는 줄 알고 옷과 귀중품도 벗어놓고 가스실로 들어간 것이다. 어찌 인간이 그렇게 잔인무도할 수 있을까, 손톱으로 벽을 긁은 자국이 지금도 남아 있었다. 생지옥이었으리라. 나는 피곤도 했지만 수용소 내부 관람에 속이 메슥거렸다.

오후에는 천국 같은 소금광산을 관람했다. 1,300계단이라고 하는데, 내려갈 수 있을까 망설였지만, 그 유명한 소금 광산을 안 볼 수 가 없었다. 계단으로 한 층씩 내려가다 보니 신기함에 놀라 끝까지 내려가게 되었다. 어마어마했다. 올라올 때는 엘리베이터를 타서 다행이었다. 광산내부에는 180개 이상의 갱이 있고 2천여 개의 채굴이 끝난 빈 방들이 있었다. 갱도의 연장길이가 총 300㎞에 이른다고 한다. 현재는 다양한 용도로 활용하면서 내부에 수많은 예술작품들은 소금으로 만들어진 것이며 광산 노동자들이 직접 만든 것이란다. 얼마나 넓고 찬란한지 결혼식장으로도 사용한단다. 유네스코 지정 세계문화유산이라고 했다.

여행 5일차 되는 날에는 비엔나의 베토벤과, 모차르트 등 유명한 음악가들을 배출한 음악의 도시를 관광했다. 일행은 상점에 들러 모차르트 얼굴이 새겨진 초콜릿을 사고 나는 악보가 그려진 우산을 샀다. 빈은 유럽의 대도시 중에서 가장 먼저 커피문화를 받아들인 곳이며, 19세기 말의 고풍스러운 문학 카페의 전통이 아직까지 남아있는 도시였다.

여행 7일차, 포스토이나는 세계에서 두 번째 큰 동굴이었다. 꼬마 열차를 탑승하여 관광할 정도로 크고 신비했다. 나는 한마디로 말했다. 동굴만 봐도 여행비는 아깝지 않다고. 자연적으로 만들어진 모형들 무어라 말할 수 없는 신의 작품들이다. 사진은 못 찍게 하는데, 몰래 찍는 사람도 있어서 나도 한번 찍었다. 눈으로 본 걸로 머릿속에 담아오기는 부족해서다.

또 잘츠부르크에 2천m 산들 사이로 76개의 호수가 어우러진 잘츠캄머굿 자연 경관을 걸으면서 보아도 끝이 없었다. 명경 같은 물 속에서 고기들이 먹이를 받아먹으려고 사람 발자국 소리를 따라 다녔다. 그리고 알프스의 빙하가 녹아 형성된 호수도 40분간이나 배 타면서 주스를 사먹고 스마트폰에 아름다움을 담으려 해도 부족했다. 나의 작은 머릿속에 그 아름다운 신의 작품들을 다 담아 올 수가 없었다.

꿈같은 12일 여행을 마치고 인천공항에 도착했을 때는 비행기 탑승에 지쳐서, 또 여행할 거냐고 묻는다면 쉽게 대답이 안 나올 것 같다. 집에 도착하니 제자리로 온 것 같았다. 여행하는 동안에는 눈과 발만 가지고 다니면서 때가 되면 빵이라도 먹을 수 있었지만, 집에서는 식사 준비, 설거지, 청소를 해야 하는 게 현실이다. 오늘도 냉장고 속에 조금 남아있는 김치찌개 국물에 두부 한 모를 썰어 넣고 다시 끓인다.

해서 김치찌개는 여행갈 때도 끓여놓고, 갔다 와서도 끓여먹는, 한국인의 한국인을 위한 음식이다. 동반자다.

3.

두 번 피는 꽃

바늘귀

바쁘게 나가려고 검은색 바지를 입고 보니 단추가 떨어졌다. 그대로 입어도 속단추가 있어 내려가지는 않지만, 입은 채로 단추를 달려고 검은색 실과 바늘을 찾아왔다. 그런데 실이 바늘귀로 들어가지 않는다. 생각다 못해 하얀 종이 위에 바늘을 대고 까만 실을 바늘귀에 넣으니 실이 꿰어졌다.

어릴 적 할머니 옆에 앉아 바늘귀를 꿰어주던 일이 생각났다. 할머니가 바느질 할 때 몇 살이었는지 생각나지 않지만, 왜 할머니는 눈이 어두워 바늘귀를 못 꿰는 것일까 하고 이상하게 생각했는데, 어느새 세월이 흘러 내 눈이 그때 할머니의 눈이 되었다.

옛날에는 바늘귀에 실을 꿰어 손바느질을 많이 했다. 나일론이 나오기 전에는 무명이나 면이라 더욱 잘 떨어졌다. 외가에는 장정 삼촌들이 셋이나 되어 외할머니는 밤마다 호롱불 밑에서 양말 기우기에 바빴다. 한 번 신고 밖에 나갔다 들어오면 구멍이 났다. 기웠던 곳이 또 구멍이 나면, 다 떨어져 못 신게 된 양말을 오려 붙여 꿰매곤 하였다.

또 할머니와 어머니, 여자들이 신는 광목 버선도 손바느질을 했었다. 노란 마분지 위에 버선본을 대고 연필로 그려서 광목 위에 놓고 시침한 후 잘라내어 박음질을 하였다. 솜버선은 두 겹으로 박으며 가운데에 솜을 펴놓았다. 뒤집어서 코를 바늘귀로 빼낸 후에 잘 떨어지는 버선볼에다 광목천을 오려 대고 바늘귀에 하얀 실을 꿰어 곱게 박음질을 하여 기웠다. 이렇게 가는 실이 좁은 바늘귀를 통과하면 온 가족의 발이 따뜻하게 겨울을 보낼 수 있었다.

우리네 민속 의상인 한복을 곱게 차려 입어도 하얀 버선을 신지 않으면 멋이 없다. 만약에 스타킹을 신는다면 맨발같이 상스러워 보인다. 흰색 양발을 신어도 마찬가지다. 교회에서 한복 입을 일이 종종 있다. 나는 꼭 버선에 고무신을 신는다. 어쩌다 신는 버선과 고무신은 발이 편할 리가 없다. 옛날 할머니 말씀은 버선은 네 방구석을 헤매며 신어야 예쁘다 했다. 코가 뾰쪽하며 발바닥은 잘쏙하게 박음질을 했기 때문이다. 발이 불편해도 참았을 것이다. 발뿐이겠는가. 마음이 상해도 내색하지 않고 하얀 버선목 같은 치아를 보이며 웃는 미덕을 지니고 살아온 우리네 어머니들이다.

새색시 시집가는 날 입는 윗저고리 섶에는 바늘귀에 실이 조금 꿰어 꽂혀 있었다. 나는 어른이 된 후에야 그 이유를 알았다. 첫날밤에 합방하였을 때, 만약 불상사가 생기면 바늘로 신랑의 손가락이라도 찔러서 피를 빼야 한다고 하였다. 우리 선조들의 지혜다.

새하얀 버선을 보면 갓 시집온 새색시의 하얀 속살과 순박한 마음씨가 생각난다. 시집갈 때 잘해가는 사람은 광목 버선을 몇 죽씩 해갔다. 친지 어른들에게 인사하며 한 켤레씩 선물로 나누어 주었다. 광목 적삼도 한 죽씩(열 개) 해가지고 갔다. 길쌈해야 입던 삼베적삼보다는 고급이었다. 현재는 삼베가 더 귀하지만, 우리 집은 길쌈을 하지 않아 동네 아이들이 입고 다니는 삼베 고쟁이(속바지)가 퍽이나 입고 싶었었다.

명절날에나 입는 인조나 비단옷은 색깔도 곱고 참 귀했다. 아이들 옷 해주라고 아버지가 비단 천을 사오시면 어머니들은 마름질하여 호롱불 밑에서 좁은 바늘귀에 실을 꿰어 옷을 만들었다. 바느질하고 남은 천 조각은 여자아이나 처녀들이 각자 헝겊 보따리 속에 넣어 두었다. 여러 색깔의 자투리 천으로 밥상보, 누비 베개, 주머니 등을 만들고 수를 놓아 시집갈 때 가져갔다.

내 나이 십여 살 때 외가에 갔더니 외삼촌이 장가들어 새색시인 외숙모가 계셨다. 헝겊 보따리를 끌러 보이는데, 내 어린 눈에 보이는 예쁜 비단 천 조각들은 황홀하기까지 했었다. 얼마나 갖고 싶은 욕심이 생겼는지, 숙모님 몰래 자투리 천을 가져다가 박음질해 '오자미'를 만들었다. 광목천으로 만들 때는 모래를 넣었지만, 예쁜 천으로 만들면서 팥, 콩, 쌀로 속을 넣어 만들다가 할머니한테 들통이 났다. 귀한 곡식을 허비한다고 외사촌 언니들만 야단맞았다.

그 옛날 우리네 살림살이는 이렇게 가난했다. 천 조각 하나라도 아끼며 귀하게 여겼다. 그래도 마음만은 따뜻하고 부자였다. 오늘의 우리는 200여 개의 나라 중에 11번째 경제 대국이라지만, 상대적 빈곤은 더한 것 같다. 상대가 누리는 문화 혜택을 누리고자 할 때 수입이 따라주지 않기 때문이다.

그래서 예수님이 말씀하시기를 부자가 하늘나라에 가는 것이 약대(낙타)가 바늘귀로 들어가는 것보다 어렵다고 했다. 사실은 이스라엘 나라에 바늘귀라는 성문이 있다고 한다. 상인들이 낙타에 짐을 싣고 바늘귀라는 성문을 통과하려면 짐을 내려놓아야 나갈 수 있다고 하였다. 이 말씀은 너무 과욕하지 말고 나누는 삶을 살고 자족하며 살라는 뜻인 것 같다.

또 내가 젊었을 때 바늘을 가지고 다니다 덕을 본 적이 있다. 남편 동창회에서 부부 동반하여 설악산을 갔었다. 그 무렵 남편은 개인 사업을 벌여놓아 안 가려다가 등산복도 입지 못하고 양복바지 입은 채로 갔었다. 설악산 대청봉에 모두 올라가 사진을 찍으려는데, 남편도 올라가려고 힘을 쓰다가 양복 뒤쪽 솔기가 확 터져 버렸다. 하얀 팬티가 보여 난처했다. 마침 내 목도리가 있어 허리에 두르고 호텔로 왔다.

호텔방에 와서 바늘귀에 까만 실을 꿰어 박음질을 하였더니 감쪽같았다. 가는 실 한 올과 좁은 바늘귀 하나가 어쩜 그렇게 큰일을 해내는지 새삼 놀랐다. 우리들 일상생활에 큰 것이 좋은 것만은 아닌 것 같다. 요즈음 텔레비전, 냉장고 가전제품들을 대형으로 바꾸어 가고 있지만, 하찮게 여겼던 작은 것이 꼭 필요할 때가 있다. 우리네 삶에 있어 작은 것도 소중하다는 것을 깨달았다. 작은 일부터 성실하게 해나가면 큰일을 이룰 수도 있다.

좁은 바늘귀 하나같이.

흑백사진 속의 추억

빛바랜 흑백 사진 속의 대여섯 살 되는 계집아이를 보고 있으면 어릴 때 추억이 그립다. 그 사진을 보면 여러 장의 필름이 머릿속에서 돌아간다. 반세기가 훨씬 지나긴 했지만, 어제 일처럼 생생하다.

젊은 새댁 둘이서 자기 아이들과 같이 찍은 사진이다. 아이를 안은 부인은 어머니 친구분이고 나는 어머니 앞에 서 있다. 그 시절에 파마를 제일 먼저 했다는데, 아마 기념으로 찍은 사진 같다.

단발머리에 통통한 얼굴이 나다. 섶이 긴 저고리에 까만 통치마를 입었다. 흑백 사진이니, 빨간 색이나 진한 색 치마를 입었는지도 모른다. 오늘날의 어린이들에겐 예쁘고 깜찍한 옷이 너무

너무 많다. 여섯 살배기 외손녀는 내가 한나절 가서 있는 동안에도 몇 번씩 옷을 갈아입는다. 유치원 교복을 벗고 반바지와 티를 입었다가 예쁜 원피스를 입으면 동화 속의 공주 같다.

그 시대에는 어른이나 아이들도 집에서 한복을 바느질해 입었다. 내복이 없던 시절 목화솜을 엷게 펴 넣어 지어 입으면 저고리가 도톰하고 따뜻했었다. 무명옷을 입다가 명절에는 색상이 고운 비단옷을 입는다. 그래서 설날이 빨리 오기를 기다리며 잠을 못 자곤 했다. 솜씨 좋은 어머니는 색동저고리를 만들어 입혀 주었다. 그 다음해 몸이 크고 키가 자라면 다시 빨아서 예쁜 색깔로 물들여 풀 먹여서 다듬질해 꿰매면 또 새 옷이 되었다.

현대는 이유식이나 칼로리 높은 식품들이 많지만, 그 시절에는 영양가 있는 식품이 귀하고 간식거리도 없었다. 어머니는 보리 섞인 밥에서 쌀밥을 먼저 퍼서 참기름 간장에 비벼주셨다. 어쩌다 먹는 고등어의 꼬름한 맛은 참 좋았다. 생선 대가리와 눈알을 좋아하는 것을 보고 바닷가로 시집보내야겠다고 할머니가 말씀하시더니 그 말이 씨가 되었다. 바닷가 사람과 결혼을 했어도 서울에서만 살고 있다.

정월 보름이면 아이들이 때때옷을 입고 이 집 저 집 오곡 찰밥을 얻어먹고 다녔다. 함지박이나 큰 바가지에 밥을 담아 수저를 여러 개 주었다. 열 집 이상 밥을 먹어야 더위를 이긴다고 했다. 아이들은 잘도 먹는데, 내숭을 떨고 안 먹으며 속으로는 침을 꼴딱 꼴딱 삼켰던 일이 생각난다.

옆집 마당에는 멍석을 깔고 아저씨들이 윷놀이를 하였다. 왁자지껄 웃어대며 모닥불 냄새가 매캐한데 목침 같은 인절미를 맛있게 먹는 모습들이 눈에 선하다. 언니들은 빨간 댕기를 매고 하얀 분을 발라 멋을 내며 팔딱팔딱 널을 잘도 뛰었다. 사내아이들은 연을 높이 날리다가 밤이면 깡통에 불을 넣어 돌리며 논둑에 불을 놓기도 했었다. 그래야 해충이 죽고 한 해의 농사가 잘 된다고 어른들은 말씀 하셨다.

대여섯 살 때 살던 집은 'ㄴ'자 건물이었다. 양쪽에 방이 두 칸씩 있고 구석엔 흙바닥 부엌이 있었다. 어머니는 나뭇가지로 불을 때며 연기 때문인지, 갑자기 세상을 떠난 아버지 생각나서인지 하얀 행주치마로 눈물을 닦아 내셨다. 앞마당에는 두레박 우물이 있고, 포도송이가 탐스럽게 달려 있었다.

집 뒤에는 소학교가 있었다. 나는 매일 교실 앞 화단에 가 놀았다. 그 학교 선생님이신 삼촌은 수업 중에도 유리창 밖으로 가끔씩 나를 쳐다보셨다. 꽃밭에서 예쁜 돌멩이를 통치마에 주워 담아 집으로 날랐다. 장롱 뒤 틈새에 많이도 쌓아 놓았었다. 어느 날 어머니가 보시고 깜짝 놀라며 다 버리셨다. 나는 울다가 잠이 들어, 아침에 보니 이불에 실례를 했다. 키를 쓰고 이웃집에 가 소금 얻어온 일이 생각난다.

이렇게 천진난만했던 계집아이는 아빠가 하늘나라에 가신 것도 모르고 있었다. 행복하고 든든했던 집안이 기울게 되자 사진 속에 곱디고운 어머니는 왕발이(제주도에서 중년 여인을 호칭)가 되어 우리 남매를 남부럽지 않게 기르셨다. 동생은 6년 전 경기도에서 시의원에 당선되었고 나는 환갑이 지나 문단의 문턱을 넘어서고 있다.

어머니는 자식한테 헌신적인 분이시다. 사진을 같이 찍은 친구분들이 외국을 넘나들며 화장품 선물을 어머니한테 하면 언제나 나를 갖다 준다. 반세기전 파마를 제일 먼저 했다는 멋쟁이 어머니도 82세가 되니 세월의 무게만큼이나 주름이 늘어지고 받아온 상처만큼이나 검버섯이 많이도 피었다. 검버섯을 가리게 이제는 내가 화장품을 사드려야 한다고 생각했다.

전깃불이 없던 시절 호롱불을 켜놓고 어머니는 삯바느질을 하면서도 가끔씩 찹쌀떡을 사주셨다. 감잎에 싸여있는 찹쌀떡이야말로 지금에 피자보다 훨씬 맛있었다. 캄캄한 밤에 고요한 적막을 깨고 '찹쌀떡 사려!' 외치는 소리는 반가우면서도 처량하기까지 했다. 지금도 어릴 적 추억 여행을 하면 '찹쌀떡 사려' 외치는 소리가 환청으로 들린다.

빛바랜 사진 한 장 속에는 이런 추억이 담겨져 있다. 어린 시절이 그리워도 되돌아갈 수 없는 대여섯 살 계집아이는 육십이 훌쩍 지났다. 아, 그립다. 흑백사진 속의 그때 그날들이….

호두과자

고속버스를 타고 지방에 가는 중이다. 휴게소에서 남편 혼자 내려 볼일 보고 오면서 호두과자를 사들고 왔다. 입에 넣으려니 거부감이 느껴졌다.

호두과자를 보면, 아픈 추억이 생각나서 혼자 다닐 때는 사먹지 않는다. 십여 년 전 지금과 똑같은 2월 달에 휴게소에서 호두과자를 사먹고 동생 승용차로 금산을 가는 중에 사고가 났다. 서울에서 출발할 때는 날씨가 괜찮았는데 휴게소로 들어와 보니 눈발이 날렸다. 일기예보 역시 오후에 눈이 온다고 했다. 당일로 되돌아와야 하는데 미리 알았으면 출발하지 않았을 것이다. 당일에 갔다 오려고 국도로 들어섰다.

함박눈이 펑펑 쏟아져 앞이 안 보였다. 눈길이 미끄러워 모든 차량들이 거북이 걸음이었다. 그런데 앞차를 추월하려다가 그만 동생 차가 굴러 논바닥으로 떨어졌다. 운전을 하던 동생만이라도 다치지 않은 게 다행이지만, 나는 너무나 많이 다쳤다. 뒷좌석에서 안전벨트를 매었더니 압박을 주어 장이 파열되었다. 벨트를 끼운 곳에 장기가 모여 있어서 췌장을 다쳤다. 사고 당시는 아픈 줄도 모르고 말문이 막혀 말이 안 나왔다. 겉으로는 피 한 방울 나오지 않았다.

차라리 안전벨트를 매지 않았다면 조금 다쳤을까. 아니면 목이나 척추를 다쳤을지도 모른다는 생각이 들었다. 충남대병원에 도착해서, 의사들이 들것을 가지고 왔을 때, "선생님, 살려주세요. 빨리 배 가르세요!" 하며 '빨리 빨리'를 외쳐댔다. 한국 사람은 성질이 급해서 외국에서도 '빨리 빨리' 하면 코리언인 줄 안다는데….

수술실 앞에서 구토를 했는데 휴게소에서 먹은 호두과자가 나왔다. 5분만 늦었어도 큰일 날 뻔했다고 하였다. 수술 한 번 한다는 것이 얼마나 망설여지는데 '빨리 빨리'를 외쳤는지, 지금 생각해도 모를 일이다. 의사들 역시 X-레이 촬영 결과도 보기 전에 수술을 해서 살았다고 하였다. 그 대학 병원에서도 나 같이 크게 다친 환자를 수술하는 것이 처음이라 의학서적을 보며 수술했단다. 그렇게 다치고 보니 살고자 하는 욕망이 더 컸나 보다.

자가용을 타고 다니는 게 장점도 있지만, 단점도 있다. 요즈음도 지방에는 눈이 오면 미끄러워 차사고가 나고 죽는 사람이 많은 것 같다. 이런 뉴스를 볼 때마다 씁쓸한 기분이다. 교통사고는 특별한 사람이 나는 게 아니라 내가 될 수도 있고 우리 모두일 수도 있으니, 항상 조심해야 한다는 생각이 들었다.

충남대 병원에서 40일, 서울대 병원에서 60일 동안을 입에 물 한 방울 못 넣고 산 것을 생각하면 끔찍하다. 입안은 수분이 부족하여 메마른 논바닥처럼 갈라졌었다. 수술한 부위를 드레싱 할 때마다 진통제를 맞아야 했으며 하루에 세 번씩 진통제를 맞았다. 금년으로 꼭 15년이 되었는데 이렇게 살아 있는 것이 너무나 감사하다.

눈을 뜨고 아름다운 세상을 볼 수 있는 것이, 봄이면 진달래, 개나리 온 천하에 꽃 대궐, 여름은 무성한 신록의 푸르름, 가을은 오곡백과가 무르익고 울긋불긋 치장한 단풍, 겨울에는 수묵화를 그려놓은 것 같이 아름다운 산천들, 신이 창조한 아름다움을 보고 느끼며 이름 모를 새들의 지저귐을 들을 수 있다는 것이 얼마나 행복한 일인가, 감사할 따름이다.

천상병 시인의 시 구절이 생각난다. '나 하늘로 돌아가리라. 아름다운 이 세상 소풍 끝나는 날, 가서 아름다웠다고 말하리라.'는 시다. 이 우주 공간을 긍정적인 마음을 가지고 보면 한없이 아름답고 부정적인 생각을 하면 괴로운 삶을 포기하고 싶을 때도 있을 것이다. 그 옛날보다 문명의 혜택을 누리고 살지만, 상대적 빈곤 때문에 젊은 사람들이 자살하는 경우가 많다. 천년만년 살 것처럼 버리지 못하는 탐심(貪心)과 오욕(五慾)이 자기를 죽인다고 한다. 온갖 욕심을 이겨내고 삶의 본질을 찾아야 하는데 그게 쉽지가 않은 것 같다.

사람이 얼마나 사느냐가 중요한 것이 아니라 자기에게 주어진 삶을 어떻게 생각하느냐가 중요하다는 것을 새삼 느끼게 한다. 칼 마르크스는 '우리 삶의 목표는 풍부한 소유에 있는 것이 아니라 풍성하게 존재해야 하는 데 있다'고 했다. 그래서 사람들은 자신을 순화시키기 위해 노력하고 종교도 갖는다.

천안휴게소의 명물인 호두는 고려 충렬왕 때 공신인 유청신이 원나라에 사신으로 갔다가 귀국하는 길에 묘목 세 그루와 종자 다섯 개를 얻어와 그의 고향인 천안시 광덕면 봉화산에 심었다고 한다. 처음에는 과실의 이름을 알지 못했기 때문에 오랑캐 땅(胡地)에서 가져왔고, 과실의 모양이 복숭아(桃)같다 하여 호도(胡桃)라 부르게 되었는데 사람들이 '호두'라고 많이 썼기 때문에 '호두'가 표준어로 되었다고 한다.

호두과자, 따지고 보면 십여 년 전의 교통사고는 호두과자와는 전혀 상관이 없는 일이었다. 다만 하릴없는 생각의 연상 작용이었을 뿐, 오히려 그때 그 일을 통해 나 지금 건강하게 살아 있음을 감사하게 되었으니 고마운 호두과자다. 앞으로는 지난날의 편견과 아픈 추억을 씻어버리고, 따뜻한 마음으로 호두과자를 바라보아야지.

아니, 오늘같이 눈이 오는 날에는 달콤한 맛에다 행복을 더해가며 호두과자를 먹어야겠다.

건망증

건망증 때문에 난처한 일이 많다. 며칠 전 문학 모임에 가면서 집에 두고 나왔어야 할 가게 열쇠를 가지고 나왔다.

남편이 가게 문을 열려고 하자 열쇠가 없으니까 나한테 전화를 했다. 그러나 아무리 해도 받지를 않으니까 동행했음 직한 강선배한테 연락을 한 것이다. 모임 장소에 도착하니 먼저 온 강선배가 빨리 집으로 통화하라며 왜 핸드폰도 안 받느냐고 한다. 아차, 열쇠도 남편한테 안 주고 핸드폰까지 집에 놓고 왔다는 사실을 그제야 알았다.

버스 안에서라도 전화만 받았으면 되돌아가도 되었을 것이다. 어떻게 하나 당황하고 있을 때 '중간지점'에서 서로 만나 열쇠를 전해 주라고 한다. 그러나 남편 성격이 그렇게 할 사람

같지 않았다. 핸드폰을 빌려 통화를 했더니 전화통이 감전되는 줄 알았다. 화가 머리끝까지 난 남편의 목소리에 귀청이 터지는 줄 알았다.

건망증 때문에 택시를 타고 왔다 갔다, 돈 낭비, 시간 낭비가 이만 저만이 아니었다. 남편은 혈압이 오르고 나는 스트레스를 받은 것이다. 점심시간에 문우들이 남편이 무어라고 하더냐고 해서, 당황하여 허둥대는 모습을 보고 차 길 건널 때 조심하라고 했다니, '간 큰 남자는 못 된다' 해서 모두다 박장대소를 했다.

요즈음 이사한 가게 열쇠는 네 개가 한 묶음이다. 셔터, 현관, 창고, 화장실, 두 사람이 각각 가져야 하기 때문에 복제를 하려고 차일피일 미루다가 사단이 난 것이다. 진작 복제를 했으면 이렇게 난처한 일이 없었을 것이다. 일주일에 하루 이틀은 취미 생활할 수 있도록 배려해주고, 가게를 봐주는 남편이 고맙기만 하다.

8년 전, 홍삼가게를 해보겠다고 할 때 남편과 큰아들이 못하게 했었다. 장사는 아무나 하는 게 아니라며 말려서, 계약금까지 포기하려다가 시작한 것이었다. 경전철이 들어온다며 도로 확장 공사로 전에 가게가 헐리게 되었다. 그래도 그만두지 못하고, 또 점포를 얻어 이사한 지 며칠 되었다. 남는 것, 우리나 먹는다는 마음으로 하고보니 매상에 얽매이지 않고 서로가 교대하며 가게를 본다.

달력에다 약속이 있는 날은 표시를 해놓지만, 보지 않으면 건망증 때문에 두 사람이 똑같이 약속이 되어 한 쪽이 부도를 내게 된다. 그런데 일전에도 남편이 나한테 가게를 보라며 열쇠를 자기 주머니에 넣고 가서 화장실을 가야 하는데 참다가 옆집 신세를 지기도 했다. 그뿐이 아니다. 자주 오는 손님이 반갑게 인사를 하는데 도저히 생각이 나지 않아 아는 체 얼버무릴 때도 있다.

한 번은 대전가는 버스를 탔는데 휴게소에서 쉬었다가 탔다. 나의 앞에 부인이 자기 옆의 사람이 안 탔다며 차를 못 떠나게 하는 것이다. 기사는 인원수를 몇 번이나 세어보며 다 왔다고 했다. 그때 옆의 아주머니 하는 말이 "아까 아줌마가 앞의 좌석에 앉은 것 아니요?" 했다. 그러고 보니 버스가 쉴 때 화장실 갔다가 뒷좌석에 탄 것이다. 모두 웃음바다가 되었다. 옆의 사람이 어떤 옷을 입었는지, 연세가 어느 정도인지 전혀 관심도 없었으니, 머릿속에는 그때 재판중인 일만 생각 했었다. 부동산을 공동 담보한 일 때문에 거의 3년 동안 대전지방법원을 한 달에 한두 번씩 다녔다.

또 대전에서 사촌동생 결혼식에 참석하고, 마산에 사시는 시어머님 생신에 가기로 했었다. 남편은 사업상 바빠서 내가 갈 수밖에 없었다. 시어머님께 봉투를 드리려고 하다가 시장에서 옷을 한 벌 샀다. 마산가는 마지막 표를 가까스로 사서 뒷좌석에 앉았다. 피곤에 지쳐 졸다가 목적지에 와서 내렸다. 차는 떠나고 무언가 허전해서 보니, 선물을 차 안에 놓고 내린 것이다. 고속버스 사무실에 연락해서 다음날 찾기는 했지만, 내 자신이 한심스러웠다.

어디 그뿐인가. 건망증 때문에 버스 안에 핸드백을 놓고 내린 일도 있다. 잘 아는 교우가 병원에 입원해서 음료수 사갈 돈을 봉투에 넣고 갔었다. 주스가 많이 들어 왔다며 한 박스 주었다. 나는 좋아하며 집 근처에 와서 내렸다. 그런데 내리자마자 오랜만에 아는 사람을 만났다.

반가워서 이야기 좀 하자고 은행으로 들어갔다. 자판기 커피를 빼려고 지갑을 찾으니 핸드백이 없다. 버스에 놓고 내린 것이다. 주스 박스만 가지고 내렸다. 당황해서 어떻게 해야 할지 모를 때, 누군가 택시를 타고 종점으로 빨리 가보라 했다. 택시비도 없고 발을 동동 구르다가, 그 다음 버스가 와서 얼른 타고 기사한테 이야기했다.

때마침, 조금 전 탔던 버스가 종점에 갔다가 되돌아 나오고 있었다. 내가 탄 버스기사가 습득물 있느냐고 물었다. 그랬더니 "이 핸드백이요?" 하며 전해준다. 내가 운전수 뒷좌석에 앉았다 내렸기 때문에 다음 손님이 주었다고 했다. 얼마나 감사하고 다행한 일이었는지, 다행히 아는 사람을 만났기 때문에 집에까지 가기 전에 백을 놓고 내린 사실을 안 것이 천만다행이었다. 나의 건망증 때문에 당황할 때가 한두 번이 아니다. 이렇게 건망증이 심해지면 나중엔 치매가 되어 40여 년 같이 살아온 남편도 몰라보는 건 아닐지 걱정이 된다.

은쟁반에 금 사과

'경우에 합당한 말은 아로새긴 은쟁반에 금 사과니라'라는 글이 성서(잠언 25:11)에 있다. 빨간 사과 한 개가 은빛 나는 쟁반에 놓여 있다면 얼마나 아름다운 모양인가. 흔하게 먹을 수 있는 사과지만 먹는 것이 아까워 오래도록 두고 보고 싶을 것이다.

그렇지만 시고 달착지근하며 상큼한 사과라도 오래 두면 수분이 빠지고 쭈글쭈글해진다. 과일도 제때 먹어야 제 맛이 난다. 이와 마찬가지로 말도 제때 해야 효과가 있다. 사랑한다는 말 한마디를 못 하여 연인을 떠나보내고 아쉬워하는 친구를 보았다. 어느 교수는 '사랑은 말할 때 생긴다. 사랑은 말할 때 느낀다. 사랑은 말할 때 이루어진다. 인정하는 말이 사랑을 만든다.' 했다.

전에는 '침묵은 금이고 웅변은 은이다'라 했지만, 현대는 그

어느 교수는 '사랑은 말할 때 생긴
다. 사랑은 말할 때 느낀다. 사랑
은 말할 때 이루어진다. 인정하는
말이 사랑을 만든다' 했다.
―은쟁반에 금 사과

와 반대다. 자기감정을 잘 표현하는 사람이 인기도 있고 출세도 한다. 자기 알림을 잘 하여 청중을 감동시켜 정치가로 성공하는 사람이 있다. 말은 약속이요 믿음이다. 알림이요 이해다. 아니 절실한 공감이다. 그래서 우리는 부정적인 말보다 긍정적인 말을 더 많이 해야 한다.

말은 견인력과 각근력이 있다고 한다. 해서, 아이가 태어나면 집안에 돌림자를 따서 이름을 짓기도 하고 또는 작명가를 찾아가 생년월일에 맞추어 좋은 이름을 지어 오기도 한다. 아이가 자랄 때 이름을 불러주면 출세도 하고 부귀와 영화를 누린다며 그렇게 믿고 있다. 전에 환경부장관을 지냈던 분은 아버지가 출생 신고하러 산 너머 읍내 면사무소로 가던 중 지은 이름을 잊어버려서 큰 성(城)을 가지라며 '산성'이라고 올렸다는 말을 어느 잡지에서 읽은 기억이 난다. 그러니까 이름값을 톡톡히 한 셈이다.

말은 감화적이어야 한다. 미안한 일도 공손한 태도로 감동시키는 말을 하여 '천 냥 빚도 탕감 받는다'라는 말이 있다. 또 언중유골이라는 말도 있는데, 말속에 뼈가 있다는 소리다. 그래서 마음가짐과 노력에 따라 부드럽고 따뜻하게 표현할 수도 있지만, 사람의 마음을 상하게도 한다. 말은 칼과도 같아서 잘 쓰면 사람을 살릴 수도 있지만, 잘못 쓰게 되면 사람을 죽이기도 한다.

그래서 가슴 깊은 곳에서 울려나오는 신뢰감을 주는 말은 '은쟁반에 금 사과'다.

길들이기

요즈음 밤 10시 주말이면 드라마 「무인시대」에 매가 등장한다. 신하가 '금강야차'라는 장군한테 매를 선물 하는데, 다루는 솜씨가 어설퍼 보인다. 어린 시절 외삼촌들이 매를 길들여 팔목에 앉히고 다니며 꿩 사냥하는 것을 보았다.

매는 대개 해안이나 섬의 절벽 바위에 둥지를 마련하지만 도시의 고층건물에 둥지를 틀기도 하며 오리도요, 물떼새, 비둘기 따위를 잡아먹는다. 급강하할 때는 200㎞ 이상의 속력을 내는 맹금류이고 천연기념물 제323호로 보호하고 있다. 『삼국유사』에도 나와 있는 것을 보면 삼국시대부터 매를 이용해서 꿩 사냥을 했는가 보다.

추수를 끝낸 늦가을에나 초겨울쯤, 외삼촌들은 집에서 키운 비둘기를 새장에 넣어서 들녘을 향해 매 사냥을 갈 때, 나도 따라 가보았다. 논두길을 걷노라면 군데군데 모아놓은 볏단 사이로 메뚜기가 뛰면서 짝짓기를 하거나 벌이 윙윙하고 날아다니는 것을 볼 때, 벌에 쏘일까봐 무섭지만 재미있었다. 또한 나뭇잎들이 선홍색 물감을 찍어 놓은 듯 화사한 빛깔로 오색향연을 벌인 늦가을 산야가 좋았었다.

나는 산자락 끝 양지바른 밭둑 아래 조용히 숨어 있었다. 삼촌은 그물을 길게 쳐놓고 한쪽에는 비둘기 발에 끈을 매어 나무에 묶어놓으면 매가 날아가다가 먹잇감을 보고 달려들다가 그물에 얽힌다. 삼촌은 달려가 얽힌 매를 풀어 집으로 가져와서, 뒤뜰에 감나무 가지가 옆으로 뻗은 곳에 새끼줄을 돌돌 감아 매가 앉기 좋게 하고 매를 묶어놓아 약 40일 정도 길들인다.

그때는 고기가 귀할 때라 쥐덫을 놓아 쥐를 잡아 살만 발라 먹였다. 사람과 친해지기 위해 팔목에 토시와 손에는 장갑을 끼고 매를 팔목에 앉혀 사랑방에도 같이 가며 밤에는 호롱불을 켜놓고 밤을 새우기도 한다. 사냥 나가기 삼사일 전에는 매가 허기증이 나도록 굶기기도 하고, 삼베 천을 가위로 작게 잘라서 고기 속에 넣어 겉에만 고기로 싸서 주는 것을 보았다.

빨간 옷을 입은 애들이 가까이 있으면 고기같이 보여서 매가 달려든다고 못 오게 했다. 고기를 물에 불려서 주기도 한다. 매 속이 기름기가 빠져야 허기가 나서 날쌔게 꿩을 잘 잡는단다. 발톱은 날카롭게 손질해 주기도 했다. 길들인 매 발목에는 매 주인 주소, 성명을 쓴 패를 달아 놓는다. 혹여 민가로 날아가 닭을 잡아먹고 안 돌아오면, 누군가가 매를 붙들어 주인한테 돌려주고 닭 값을 받기도 했단다.

이렇게 굶기고 길들인 매를 팔목에 앉혀 들고 눈이 하얗게 내린 산등성을 위 아랫동네 놀이꾼, 아이들, 사냥개 모두 꿩 사냥을 다닌다. 꿩이 날아가는 것을 보면 팔목에 앉힌 매를 날려 보낸다. 꿩을 덥석 잡아 물어뜯고 있을 때 달려가 꿩을 뺏고는 또 꿩을 보면 매가 달려가 꿩을 잡게 한다. 이렇게 사냥한 꿩고기는 맛이 좋았다. 옛말에 '꿩 잡아먹고 닭발 내놓는다!'는 말이 있듯이, 예쁜 꿩은 죽어서 축 늘어졌지만 깃털이 여러 가지색이라 신기하여 장난감으로 가지고 놀았던 생각이 난다.

하루는 길들인 매가 날아가 버렸다. 발목에 묶어놓은 노끈을 부리로 쪼아서 풀고 도망갔다. 외삼촌과 동네 사람들은 매를 찾으려고 마을마다 수소문하고 야단법석이었다. 나는 어린 생각에도 매가 불쌍했다. 꿩 사냥한 것을 다 빼앗고는 한 마리도 안 주니 도망갔다고 생각했다. 그런데 며칠이 지난 후 길들인 매가 돌아왔다. 꿩을 한 마리 잡아서 물고와 늘 앉던 감나무 가지에 앉아있었다. 주인이 오길 기다렸는지, 삼촌이 가까이 가도 가만히 있더란다. 사람이 길들였기 때문에 다시 찾아온 것이다.

지금은 밀렵꾼들이 개인의 욕심을 위해 귀한 동물을 마구 잡기 때문에 정부에서 보호한다. 허가낸 군 단위에서만 잡을 수 있다고 했다. 우리나라 4, 50년대쯤은 놀이거리나 스포츠경기가 귀할 때라 꿩 사냥 가는 것이 지금의 축구경기장 가는 것만큼이나 재미있었을 것이다.

이렇게 야행성인 매도 길들여 꿩을 잡는데…. 나는 남편도 길들이지 못했다. '세계를 움직이는 것은 남자이며 그 남자를 움직이고 길들이는 것은 여자'라고 한다. 그런데 나같이 못난 여자는 없다고 생각한 적이 있다. 남편이 잘못했어도 미안하다고 사과하는 일이 없다. 여자가 턱수염이 안 났으니 남자를 이해할 수 있나 하면, 뾰로통해 있던 내 입은 툭 터져 웃음이 나온다. 한 번도 사과를 받아보지 못했다. 부부도 서로가 길들여 가며 사는 것 같다. 남편이 바닷가 사람이라 생선을 좋아한다. 나는 육식을 좋아했는데 식사 때마다 생선을 상에 놓다보니 나도 생선을 좋아하게 되었다.

요즈음은 여러 동물을 길들이는 것이 많다. 태국의 코끼리도 그렇고, 우리나라 대공원 같은 곳의 물개쇼도 그렇다. 이 지구상에 조물주가 다 같이 준 생명들인데 강자가 약자를, 약자는 더 약자를 먹이사슬로 한다. 그러나 만물의 영장인 인간에게는 조물주가 이 모든 것을 다스리고 길들여 사용하도록 특권을 주었다. '땅을 정복하고 바다의 고기와 공중에 새와 땅에 움직이는 모든 생물을 다스리라(창 1:27-28)' 했다.

백년 만에

경칩이 내일인데 폭설이 온다. 삼월에 눈이 이렇게 많이 오기는 백년 만에 처음이라고 한다.

얼어붙은 땅 속에서 동면하던 파충류들도 경칩이 되면 개울가에 나와 자기 종족을 퍼뜨리고 겨우내 볼품없던 개나리는 연두색 잎과 노란 꽃잎을 조그맣게 내놓으며 봄소식을 알리는데 폭설이 오니 꽃망울이 눈을 뜨려다가 얼어붙을 것 같다. 시새움인가, 그래서 꽃샘추위라고 하는가 보다.

오늘 동아문화센터 수필 공부하러 갈 때만 해도 눈이 오지 않았다. 공부 끝나고 집에 오는데 진눈깨비와 함박눈이 섞여서 날리고 있다. 정류장 앞 포장마차에 몸을 디밀고 보니, 김이 모락모락 나는 순대가 보인다.

일행인 강선배 보고 "차 올 때까지 순대 조금 먹을까요?"

"좋아." 우리는 순대를 먹으며 즐거운 표정이다.

"우리가 학생 같아."

"그럼 집에 있으면 손자나 봐주고 할머니밖에 더 되나."

그렇다. 늦게나마 글을 쓰겠다는 희망을 갖고 수필 공부를 한다는 게 보람 있는 일이고 나 자신에게 투자하는 것 같아 즐겁다. 다른 취미생활을 하는 것보다 수필 공부는 노후에 좋은 보험을 든 것 같다고 했다. 순대와 어묵국물을 먹으며 그 옛날 학교 수업 끝나고 하굣길에 눈이 펄펄 올 때면 검정교복에 하얀 칼라 옷을 안 버리려고 빵집에 들어가 따끈한 찐빵을 먹으며 재잘거리던 시절을 그리워하고 있을 때 버스가 와서 탔다.

집에 와서 겉옷을 벗고 앉자마자 외손녀한테 전화가 왔다. "할머니!" 하고 숨을 헐떡이며 들뜬 음성이다.

"성문아! 할머니 보고 싶어? 왜 전화했어?"

"눈이 많이 와서, 차에도 눈이 많이 있어." 한다.

"하늘에서 눈이 많이 오는구나. 지금 눈이 오는 것을 꽃샘추위라 한다."

여섯 살인 외손녀에겐 눈이 오는 게 신기하고 즐거워서 나에게 알려주려고 전화를 한 것이다.

그럴 수밖에 한겨울에는 유치원 방학이라 아파트 안에만 있었을 것이고 유치원 다닐 때는 봉고차로 조심스럽게 다녔을 것이다. 올겨울에는 눈이 오는 날이 많지 않았다. 오늘같이 눈이 많이 내리는 것을 처음 보는 것이니, 성문이는 신기하기도 할 것이다.

전화를 바꾸어 딸이 하는 말을 들으니, 모처럼 눈이 오는 게 신기하고 즐거운 것만이 아니고 심각하다. 딸네가 사는 아파트는 낙성대역에서 동작고등학교 넘어가는 언덕배기에 있다. 승용차를 가지고 나왔다가 도저히 올라갈 수가 없어서 도로에 그냥 두고 허리까지 푹푹 빠져서 집에 가야 한다니 걱정이 되었다. 어린것들 데리고 무사히 갈 수 있을는지, 웬 눈이 그렇게 많이 올까.

지구가 온난화되어 이상기온이 온 것인가? 꽃소식이 오는 시기에 폭설이니, 여린 개나리꽃잎은 얼어붙고, 개구리는 알을 낳고 다시 땅 속으로 들어가겠지만, 이미 까놓은 알은 얼어 터질 것 같다. 농촌에는 밭일하려고 준비했을 것이나, 눈이 녹을 때까지 기다리겠지. 도시는 노점상과 소자본으로 자영업 하는 이들이 타격을 받겠다. 이렇게 눈이 많이 오면 사람이 밖에 나오지를 않기 때문이다.

조물주가 주신 아름다운 세상을 잘 관리하며 살아야 하는데…. 지구는 오염되고 우리 인간들도 오염되어 도덕성이 무너지고 자기만을 사랑하며 사는 것 같다. 나 자신부터도, 그러나 자기라도 사랑하면 세상을 함부로 살지는 않을 것이다. 자신을 중심해서 가족이 있고 이웃이 있기 때문이다.

겨우내 묵은 때를 씻어내고 온 천지가 하얀 세상을 그려내고 있다. 백년 만에 내린 폭설 때문에 깨끗한 세상이 되기를 바란다.

샌들 신고 등산

여름 샌들을 신고 전북 진안군에 있는 해발 1,126m나 되는 운장산을 완주했다. 높은 산이며 악산(惡山)인데도 등산화도 신지 않은 채 정상까지 올라갔다 내려올 수 있도록 용기를 준 것은 두 가지 이유에서다.

서울에 살고 있는 남녀 동창생끼리 산악회를 조직해서 매월 넷째 일요일에 등산을 한다. 나는 교회에 가기 때문에 늘 참석하지 못한다. 이번에는 1박 2일이라고 해서 함께하기로 했다. 다음날 오전에 모두 등산할 때, 그곳에 있는 교회에 갈까 하여 샌들을 신은 채로 갔다.

도착해보니 어릴 적 고향 산천이 아니었다. 친구들과 즐겨가던 '대아리' 저수지는 관광지가 되어 손님을 끌려는 별난 간판들이 붙어 있었다. 저녁에는 육군(肉食)과 해군(生鮮)으로 풍성하게 차려놓은 음식을 꿀맛으로 먹었다. 지나간 청소년 시절을 꽃피우는데, 평상지붕 밑에 걸어놓은 전깃불 사이로 모기떼는 음식 냄새와 사람 냄새를 맡았는지 수도 없이 달려들었다.

친구들은 체면이나 겉치레 같은 포장은 하지 않는다. 너 나 하며 'ㅇㅇ야!'로 부른다. 존댓말을 쓰면 더 어색하다. 머리는 희끗희끗 눈이 내렸는데, 손을 맞잡고 춤을 추면서 동요를 부르며 어린 시절로 돌아가 배꼽이 떨어질 정도로 웃어대니 엔도르핀이 솟구쳐 그보다 더 좋은 보약은 없을 것이다.

다음날 아침에는 저수지에서 직접 잡은 물고기로 만든 매운탕을 맛있게 먹었다. 운장산을 오르려고 꼬불꼬불 뱀 허리를 타고 버스는 산길을 달렸다. 교회 십자가 있는데 세워주면 친구들 등산하는 동안 예배드리려 했으나 교회가 보이지 않았다. 할 수 없이 등산이나 하다가 중간에 내려오기로 하고 관절이 아프다는 친구와 산을 올라갔다.

산 중턱쯤 오르니까 매미들의 합창이 메아리치고 뻐꾸기도 장단을 맞추고 있었다. 이름 모를 들꽃은 잔잔하게 미소 짓고 어디선가 불어온 상큼한 공기가 코끝을 시원하게 하였다. 샌들 신고 더 오를 수 있을는지 산 위를 바라보니, 어머니가 풀어놓은 하얀 목화솜 같은 이불 속에 산이 누워있었다. 계곡에 졸졸 흐르는 물소리는 살아있는 자연의 숨소리였다. 기분이 상쾌하여 샌들 신고 산을 올라가도 힘들지 않고 몸과 마음이 가뿐하였다.

그런데 무릎이 아픈 친구는 내려가자 하였지만 몸이 불편해도 남편 부축을 받으며 올라가는 동창 부인을 보고, 우리도 천천히 오르자 했다. 동창 부인은 6년 전 뇌졸중으로 쓰러져 지능은 4, 5세 정도다. 아프기 전에는 유치원 원장을 했다는데, 인물도 좋았었다. 동창생인 남편은 산에 갈 때마다 데리고 와서 음식을 골라 먹이고 약도 먹여준다. 어린아이같이 안 가려고 떼를 쓰면 달래가며 팔을 붙들고 여기저기 발을 딛으라한다. 그러다가 넘어지면 '××놈아' 하며 우는 바람에 우리는 한바탕 웃었다.

부부가 젊은 나이에 만나 살다보면 좋은날 궂은날이 있기 마련인가 보다. 우리 같으면 집에다 사람 붙여놓고 혼자 다닐 것이다. 그러나 어떻게든지 운동을 시켜 건강을 회복시키겠다는 신념으로 데리고 다니는 남자 동창이 존경스럽다. 긴 병에는 효자가 없다는 말도 있다, 부모도 오래 아프면 자식이 효를 하지 않는다는 말이다.

하물며 부부간에는 한쪽이 아프면 모든 생활 리듬이 깨지기 때문에 외도나 이혼하는 이기적인 사람도 있다. 그러나 연약함을 감싸며 보살피고 간호하는 것이 부부의 도리라고 생각한다. '재산을 잃으면 작은 것을 잃는 것이고, 명예를 잃으면 큰 것을 잃는 것이며, 건강을 잃으면 전부를 잃어버린다'는 말이 생각났다.

샌들을 신은 채 산을 완주하게 한 또 하나 이유는, 내가 초등학교 다닐 때 운장산을 바라만 보았지 산 정산까지 오른다는 것은 상상도 못했다. 어른들도 올라가 보았다는 말을 하지 않았다. 처음이자 마지막이라는 생각이 부채질을 했다.

달빛이 전등불을 대신하듯 여름밤이면 마당에 멍석을 깔고 삶은 옥수수 감자를 먹으며 산 위에 떠있는 달을 보고 별을 세어볼 때, 옛날이야기를 들려주시던 할아버지가 계셨다.

그때 일을 생각하니 샌들 신은 발이 아프지 않았다. 지칠 줄 몰랐던 어린 시절로 되돌아갔음인가, 산은 묘한 힘을 주는 것 같다. 명산이라서 그럴 것이다.

병원 밥

늦가을 햇살이 과묵한 나뭇가지 사이에 걸려 반짝이지만, 싸늘한 가을바람은 떨어진 나뭇잎을 날리기에 분주하다. 세월의 무게를 말해주는 큰 나무들이 버티고 서 있는 종합병원 앞에 나를 내려주고 딸은 주차장에 차를 넣고 왔다.

치과병동은 반대편 큰 건물이라고 하는데, 병동이 저렇게 클 수가 있을까. 나의 잇몸을 수술할 수 있는 치과 병원은 우리나라에서 세 군데 밖에 없다고 하였다. 악면 외과에서 3~4일 입원하고 전신 마취해야 수술한다며 나쁜 것 아니니 염려하지 말라고 안심시켰지만 겁이 났다. 한여름에는 너무 덥고, 무슨 날 무슨 날 미루다가 결국 3개월이 지나서야 병원에 왔다.

마취에서 깨어나 보니 5인 병실인데, 남편과 큰아들이 와서 회복되기를 기다리며 나의 손을 잡고 있다. 내 모습은 얼마나 어설펐을까. 머리띠를 두르고 턱을 고정시켰으며 입은 반창고로 붙여서 말하기가 어둔했다. 혼자 있어도 괜찮으니, 아들한테 회사 가라하며 남편도 집에 가서 가게문 열라고 했다. 마취에서 깨어났으니 살았구나! 하며 안심이 되었기 때문이다.

금식하고 수술해서 아침 점심 두 끼를 굶은 다음 저녁식사가 나왔다. 죽도 아닌 미음이다. 나는 항상 먹는 것을 좋아해 먹는 게 보약이라는 신념을 가지고 사는데, 물 같이 멀건 미음을 마시고보니 먹은 것 같지가 않다. 그럴 수밖에, 입천장을 수술해서 막아 놓았기 때문이다.

바로 옆에 노인이 손짓을 하여 바라보니 식판을 내놓아 달라는 신호다. 귀 수술을 했다는데 보양식으로 삼계탕이 나왔다. 자기는 닭고기는 안 먹는다고 하였다. 식판을 받고 보니 벌거벗은 닭 한 마리가 손대지 않아서 얌전하게 누워있다. 버린다는 게 너무나 아까웠다. 병간호하는 이들한테라도 드실래요? 하고 싶었지만, 환자 음식이기 때문에 그만 두었다. 그렇다고 내가 먹을 수도 없었다.

복도에 나가 식판을 내놓다보니 반절도 안 먹고 남긴 음식이 수두룩하다. 병원 밥이지만 쓰레기통에 버릴 것을 생각하니 아깝다. 소말리아 어린이들은 진흙구이도 제대로 못 먹는다는데, 우리가 버리는 하얀 쌀밥을 보면 얼마나 좋아할까 죄스러웠다.

나도 집에서 음식물 쓰레기를 버리게 되면 아까운 생각이 들었다. 농부가 모를 심고 벼가 익어 쌀이 되어 식탁에 오르기까지는 88번의 손이 간다고 하는데….

내가 자랄 때는 할머니가 늘 말씀하시기를 밥을 버리면 죽어서 하수도에 버린 밥풀을 주워 먹는다고 하셨다. 그 말을 믿었는지, 식당에서도 깨끗이 쓸어먹는 게 습관이 되었다. 또 사찰에서 스님들의 식사하는 모습을 TV를 통해 본 적이 있다. 정중하게 앉아서 음식의 소중함을 감사한 마음으로 밥풀 하나 남김없이 깨끗이 비운다. 사찰에 어린 학생들이 체험하러 가서 식사의 예절과 음식의 소중함을 깨우쳐 배우는 것을 보았다. 요즈음 우리네 아이들은 밥을 먹지 않으려한다. 식습관이 아주 좋지 않다.

마침 딸애가 주고 간 책을 보는 중이었다. 『꽃으로도 때리지 말라』는 탤런트 김혜자씨가 10년 동안 아프리카, 인도, 아프가니스탄 여러 나라를 찾아다니며 전쟁과 가난 속에서 고통 받는 어린이들을 도우며 기록한 감동적인 책이다. 척박한 땅에 물과 먹을거리가 없어서 풀잎을 뜯어 흙탕물에 삶아 먹는다고 하는데, 환자들이 남겨서 버리는 음식이지만 버리는 게 더욱 아까웠다.

4일 전 병원에 올 때는 싸늘한 늦가을 바람이 뼛속을 파고드는 것 같아 긴장하여 어깨가 머리까지 올라가게 움츠렸는데,

수술 잘 하고 퇴원하게 되어 다행스럽다. 이제 건강관리 잘 하고 검소하게 살아야지. 아프리카 어린이는 단돈 만원이면 한 달을 살 수 있다니 나도 동참하고픈 생각이 들었다.

비둘기 한 떼가 병원 옥상을 비상하다가 먹이를 찾아 내려앉는다. 깨끗이 비질한 병원 뜰에 먹을 게 있을까, 걱정이 된다. 바람에 날리는 휴지조각 위로 진흙 구덩이에서 뒹구는 소말리아 어린이들의 얼굴이 겹쳐진다.

재수 없는 날

하루 종일 재수 없는 일만 계속 되었다. 살다보면 좋은날 궂은날이 있기 마련이지만, 오늘은 일진이 좋지 않은 것 같다.

D문화센터 가려고 버스를 탑승했는데, 중간쯤에 아는 사람이 있다. 손짓을 하며 옆에 와서 앉으라고 했다. 몇 마디 이야기를 하고 있을 때, 내 뒤통수를 탁 친다. 깜짝 놀라 뒤를 돌아보니 중년쯤 된 여자다. 겉으로 보기엔 멀쩡해 보여서 말을 크게 했나싶어 미안하다고 했더니 깔깔 웃으며 "지금 내 머리 속에는 컴퓨터가 들어있고 증권이 올라 돈이 왔다 갔다 해" 하며 큰소리로 떠들어대는 바람에 버스 안 사람들이 모두 쳐다보았다. 증권 하다 돈 잃고 정신이상 된 것인가, 무방비 상태에서 얻어맞고도 사과를 하고 따져 보지도 못했다. 상대할 수 없

다는 것을 파악했기에 재수 없이 그 여자 앞에 앉았다가 봉변을 당한 것이다.

영등포 경방필 앞에 도착하니 5분만 기다리면 될 것 같아 양산도 쓰지 않고 셔틀버스 오기만 주시했다. 십년 만에 오는 더위라 태양은 이글이글, 땅은 지글지글, 폭염(暴炎)이 계속되는 삼복더위지만, 빌딩 숲이 그늘져 햇볕은 따갑지 않았다. 십분이나 지났는데 차가 오지 않아 늦을까봐 지하철 타고 가자니 짜증이 났다. 아침부터 재수 없이 꼬인다.

그런데 2호선인 줄 알고 탄 것이 1호선이라 얼른 내렸지만, 바꾸어 타는 곳이 아니라 다시 탔다. 위에 붙어 있는 노선도를 볼 때 아까 자리를 양보했던 여고생이 다가와 "무엇을 도와 드릴까요?" 한다. "마포 광흥창역 가는데 잘못 탔어?" "그러면 서울역 가서 4호선 바꾸어 타고 삼각지서 6호선 타세요." 한다. 다리는 아픈데 땀을 뻘뻘 흘리며 역에 내리니 4번 출구가 안 보여 또 헤맸다. 수필 강좌가 2시인데 35분이나 지나서 도착했다.

강의 시간에 문을 박차고 들어가 셔틀버스가 오지 않아 늦었다며 캔커피를 쾅! 하고 책상에 내려놓으니 문우들이 화가 난 내 모습에 어리둥절 한다. 수업시간이라 설명할 수도 없고, 뒤에나 살그머니 앉을 것이지 늘 앉던 앞자리에 앉아 있자니 늦게 와서 화를 낸 자신이 부끄럽고 강의도 귀에 들어오지 않았다. 셔틀버스가 안 왔어도 침착하게 지하철만 잘 탔으면 늦지 않았을 것인데 역시 재수 없는 날이다.

쉬는 시간이 되어 내가 사온 캔커피를 내놓았으나 아침부터 사들고 헤매서 미지근해졌고, 오늘따라 동료 한 사람이 집에서 냉커피를 가져와 인기가 없다. 총무가 피서 가서 수업에 못나오니 커피를 사서 돌리라고 부탁했다. 삼복더위에 뜨거운 것보다는 시원한 것이 좋을 줄 알았으나 하필이면 오늘 맛있는 냉커피를 타올게 뭐람, 재수 없는 일만 연속이다.

수업이 금방 끝나고 집으로 오려니까 아쉬운 마음이다. 오전부터 수난을 겪으며 시간을 낭비하다 왔는데, 얻은 것이 없다. 마침 문우 한 사람이 차나 한 잔 하자고 해서 다섯 사람이 가까운 곳에 가 대화를 나누며 나 역시 오늘 헤맨 이야기를 했다. 모두 박장대소하며 화가 나서 들이닥친 것을 이해한다니 마음이 좀 풀렸다.

집에 오려고 지하철 타려는데, 카드가 오류가 나서 안 된다. 오전에도 쓰던 카드가 안 되어 역무원한테 말하니 이리 저리 카드를 대보더니 서울시에서 시행착오라며 원망을 한다. 할 수 없이 900원을 주고 표를 샀다. 목적지에 도착했는데 또 조금 전 산 표가 세 군데나 넣어보아도 안 된다. 밑으로 나오다가 꽝! 하고 머리를 부딪쳤다. 아프기도 하지만 창피했고 벌금을 내라면 분통이 터져 서울시에다 막 퍼부었을 것이다. 뒤로 넘어져도 코가 깨진다더니 하루 종일 재수 없는 일이 연속이다.

집에 오니 남편은 식은 밥에 라면을 끓여 먹고 있다. 축 늘어져 화가 나 들어오는 나를 보더니 짜증을 낸다. 미안하다고 하며 방으로 들어가 아까 다친 머리를 만져보니 혹이 났다. 아파도 말도 못했다. 하루 종일 생산성 없이 시간만 낭비하며 헤매고 당하기만 했으니 정말 재수 없는 날이다.

오늘같이 재수 없는 일만 있으면 스트레스 받아 못살 것 같다. 그렇지만 살다보면 좋은 날이 더 많다. 결혼해서 신혼 생활할 때, 작은 집에서 큰집으로 늘려가고 자식이 학교 들어가는가 싶더니 어느새 결혼시키게 되니 이게 사는 재미 아니겠는가. 그래서 희로애락(喜怒愛樂)을 느끼며 사는 게 인생인 것 같다.

우리네 삶이 한 그릇 요리라고 생각한다면, 오늘의 삶은 쓴맛이다. 살다보면 단맛이 나는 날도 있지, 그렇다. 단맛이 나는 내일을 위해 참자, 쓴맛이 나는 오늘은 참자.

자연재해

일본의 지진 현장을 TV를 통해 보면서 가슴 아픈 것은 물론, 많은 생각을 하게 되었다. 자연재해 앞에서는 인간의 무력함을 절감한다.

조물주가 다스리는 지구를 한낱 미물 같은 인간이 무엇을 어떻게 할 수 있을까. 풍광이 아름다운 마을의 모든 것을 휩쓸어 가는, 그 무서운 쓰나미 앞에 그들은 속수무책이다. 아시아에서는 일본이 선진국이며 문명을 이끌어 왔다고 자부하지만, 자연의 위력 앞에 어찌할 수 없다.

지진사상 세 번째로 강도가 높은 진도 9.0의 강진에 14미터 높이의 초고속 해일이다. 그 상황에서도 어떤 사람이 핸드폰으로 촬영했는데, 쓰나미가 쏜살같이 밀려올 때 먼저 뛰어 언덕 위로 올라간 사람이 또 한 사람을 잡아 올리려고 있는 힘을 다해 잡아 당겼지만, 순식간에 휩쓸려가는 장면이었다. 그는 인간의 무력함을 통감하며 망연자실한 표정이었다. 초고속 해일이 밀어닥쳐 일본 열도 중부 해안의 여러 개의 도시와 촌락이 순식간에 사라졌다.

고베의 대지진때보다 인명과 재산 피해가 훨씬 더 크다. 5년 전 서울대학교에서 사회교육원 1년 과정을 공부할 때 일본으로 역사탐방 간 적이 있었다. 고베의 대지진이 일어난 곳을 가보았지만 실감이 나지 않았다. 이번에는 TV를 통해 해일이 갑자기 덮치는 것을 볼 때 끔찍했다. 세계 1, 2위를 다투는 강대국이지만, 자연재해야말로 인위적으로 어찌할 수 없다는 것을 실감했다. 그러니 인간의 지식이 하늘을 찔러도 방심과 오만해서는 아니 될 일이다. 인간들의 바벨탑을 신이 내려와 헐어 버렸다는 글이 성서에도 있다.

수많은 사람들이 주택을 떠내려 보내고 가족과 이웃을 잃어버렸으며 겨우 살아남은 이재민은 의식주(衣食住) 해결이 문제다. 큰 홀에 몇 만 명이 모여 구부리고 누워 무거운 눈꺼풀을 덮어보지만 얼마나 참담한 일인가. 난방도 안 되는 찬 바닥에 구호품으로 연명하자니, 갑자기 닥친 재난이 원망스러울 것이다. 그래도 크게 통곡하지 않고 침착하게 질서를 지킨다.

일본인들에게는 '메이와쿠' 문화가 있다. 유치원 때부터 '남에게 피해를 끼치지 마라'라는 교육을 받는다. 재난을 당한 그들이 울부짖지 않는 것도 '내가 그런 행동을 하면 나보다 더 큰 피해를 당한 이들에게 폐가 된다'는 배려 때문일 것이다.

이웃에 사는 친구는 사위가 일본에서 사업을 하는데, 딸이 넷째아이를 출산하려고 온 식구가 한국에 나와 친정집 아래층에 살게 되었으니 다행이었다. 그런데 유치원과 초등학교 저학년인 아이들 세 명과 같이 한 식탁에 앉아 식사를 한 적이 있었다. 어린 아이들이 제 자리에 얌전하게 앉아서 밥을 먹는 것을 보고 마음속으로 느꼈다. 유치원에서의 예절교육이 범상치 않음을. 우리 손자들과 식사를 할 때나 외식할 때면 정신이 없는데….

그렇다고 일본이 다 좋은 것은 아니다. 우리 국민성도 좋은 점이 많다. 그러니까 좋은 것은 배우고 우리 것도 보전할 것은 지켜 나아가야 한다. 우선은 급한 대로 제일 가까운 이웃나라가 재난을 당했으니 같이 아파하고 도울 수 있는 한 돕는 것이 인간으로서 도리일 것이다. 한류 배우 배용준씨가 십 억 원을, 연예인 몇 명이 또 일억 원씩을 내놓았고, 각계각층에서도 모금을 하며 정신대 끌려갔던 할머니들까지도 동참한다니 참 아름다운 일이다. 우리 국민성은 정이 많은가 보다.

그러나 독도 영유권만은 확실하게 해두어야 할 필요가 있다. 독도를 자기네 영토라고 주장하며 다케시마(竹島)날까지 정하더니 초·중 교과서에 기재하여 자라나는 2세들에게 주입시키려고 하는 것은 절대로 좌시해서는 안 될 일이다. 신라시대 이사부 장군이 우산국을 정복했다는 사실이 삼국유사에도 기록되어 있다. 정부에서 더 확실하게 대책을 세워 대응해 주었으면 하는 바람이다.

일본 지진으로 해서 온 세계가 불안에 떨고 있는데, 엎친 데 덮친 격으로 방사능이 대기상으로 누출되어 태평양 방향으로 부는 바람을 타고 퍼져서 지구를 한 바퀴 돌아 우리나라에도 검출되었다. 오늘 뉴스에서는 채소류에도 방사능이 유출되었다고 했다. 미미하다고 하지만, 그게 쌓이고 쌓이면 우리 몸에 해로울 것이다. 또 스트론튬이 더욱 큰 문제다. 몸에 들어오면 배출이 안 된다고 한다. 어류나 조류까지도 안전하지 않을 것이니 무엇을 먹고 살아야 할지….

우주의 대자연 앞에서 인간의 힘만으로 자연재해를 막을 수 없다는 사실을 통감하면서 유비무환, 미리미리 대비하는 준비성을 길러야 한다는 생각을 해본다.

두 번 피는 꽃

오늘은 블로그에서 목화꽃을 검색하고는 청초하고 순결한 꽃잎에 매료되어 눈을 뗄 줄 몰랐다. 눈송이같이 하얀 색인 줄만 알았는데, 크림, 분홍, 진분홍, 자주 등 여러 색깔에 놀랐다.

잎은 고구마 잎같이 생겼고 봉오리 속에는 가느다란 실들로 엉켜 잣알 같은 씨를 품고 있다가 가냘프고 엷은 5개 꽃잎으로 피어난다. 파종은 5월쯤 하고 목화솜을 따기는 8~9월쯤 되니, 여름에 뜨거운 태양빛에 열매가 영글어서 가을에는 하얀 목화솜 뭉치를 터트리고 피어난다. 꽃으로 피고, 열매가 벌어지며 다시 하얀 솜으로 피니 1년에 두 번 피는 꽃이다.

그래서 요즈음 나의 환청에는 자꾸만 들리는 소리가 있다. '꽃이 피었다가 지고 다시 솜으로 피는 꽃'이라는 소리다. 그래,

살아온 삶을 뒤돌아보면 어쩜 내가 목화 같다는 생각이 든다. 15년 전 사고로 장파열이 되어 충남대학병원에서 교과서 놓고 어려운 수술을 했다. 물 한 모금 못 마시고 40일 동안 링거만 맞다가 서울 대학병원으로 와서도 또 60일 동안 링거만 맞고 퇴원했다. 모든 사람들이 정상적으로 살 수 없다 하고 의료진들도 자신 못한다며 만약에 살아도 유리관 속에 있는 것같이 살 것이다 했지만, 전능자이신 그가 살려주신 거다. 목화솜처럼 피어나 두 번째 삶을 살게 한 것이다. 감사할 일이다.

더욱 감사한 것은, 그 이후 내가 낳은 삼 남매가 결혼하여 자기 앞가림을 하고 살며 손자손녀 7명이나 두었으니 또한 다시 핀 목화꽃이 아닌가. 또 보너스로 문인의 길을 갈 수 있게 되고, 앞으로 얼마나 살는지, 노후 보장까지 하게 되었으니 얼마나 다행한 일인가. 남편이 공무원이 아니어서 개인 사업을 하다가 실패했으니 연금도 없고 남은 것은 내 명의로 된 50평짜리 단독 주택 하나뿐이었다.

그래서 2010년에 주택 공사에다 주택을 매매했다. 그러나 전세든 사람들 돈 빼주고 융자 갚으니까 매매금액에서 반절밖에 안 남았었다. 우리 부부 살만한 조그마한 연립이나 전세 들어갈 돈밖에 안되었지만, 혹시나 하고 발품을 팔며 이곳저곳을 헤매보고 경매 나온 물건들도 찾아가 보았으나 마땅치 않았다. 나중에는 지쳐서 후회했다. 겉으로는 고래 등 같은 큰 집인데

괜히 팔고 고생한다 싶었다.

그래도 실망하지 않고 지하철을 몇 번씩 갈아타고 다니다가 아는 분 소개로 평택 해군기지 있는 데다 임야 175평을 구입했다. 집을 지으면 지목 변경하여 대지로 바뀐다고 했지만, 어려운 난관이 한두 가지가 아니었다. 집 건축하다가 스트레스 받아 죽는 사람도 있다고 했다. 남편 역시 나를 원망했다. 그래도 전능자만 의지하며 도와달라고 간절히 기도했다. 업자를 잘 만나서 건평 150평에 원, 투룸 18개를 지어 2012년 4월에 준공하여 세가 다 나갔으니 많지는 않지만 노후생활은 할 수가 있게 되었다. 감사할 목화꽃이다.

그래서 요즈음은 길을 가다가도 '주님 감사합니다. 생명을 연장시켜 주셨는데, 밥 그릇 수만 늘리며 살지 말고 약한 자를 바라보며 살게 하소서' 한다.

35년 전 일이다. MBC 방송국 차인태 아나운서가 질문한 말이 생각난다. "꽃이 피었다가 지고 다시 피는 꽃이 무엇입니까?" 하고 질문할 때 "목화꽃입니다" 하고 6명 중에 내가 맞추었다. 어떻게 그 생각이 났는지, 그때 부부 3쌍이 '여보여보 게임'에 나갔었다. 성동구 동장 부부, 김신조 때 월남한 부부, 우리 부부 이렇게 6명을 세워두고 질문했는데, 내가 맞추어서 20점 점수를 따 상품을 받은 적이 있다. 두 번 피는 꽃이 준 행운이었다.

목화꽃, 비록 3일 만에 지는 꽃이지만 질 때가 더욱 아름답다. 욕심이지만 꽃보다도 더 화사하고 귀한 솜꽃 같은 노년이 두 번 피는 말년이 되었으면 더 바랄 게 없겠다.

4.

언덕 위에 하얀 집

오른손의 고마움

신체 중에 중요하지 않은 부분이 없지만 특히 오른손이 제일 쓰이는 데가 많은 것 같다. 오른손을 깁스하고 보니, 60여 년을 나를 돕고 봉사해온 손이 고맙고 감사하다. 새삼 귀하게 여겨진다.

며칠 전 새로 이사한 아파트 욕조에 물을 가득 받아 몸을 담그고 있을 때 '따르릉 따르릉' 전화음이 요란하게 울렸다. 순간 이른 아침에 무슨 일일까? 핸드폰도 아니고 집 전화는 가족들이나 하는데, 90이 다 된 친정어머니도 계시고 자녀들 삼 남매, 손자 손녀들, 행여 무슨 일이 있나?

욕조에서 벌떡 나와 수건으로 몸을 가리는 등 마는 등 뛰어가다가 쭈르륵 미끄러지면서 오른손으로 짚었다. 순간 아팠다.

손등이 부어올랐다. '별일 없겠지, 괜찮겠지' 하며 어루만지고 있을 때 잘 아는 지인한테서 전화가 왔다. "지금 넘어져서 정형외과를 갈까? 침을 맞으러갈까?" 하는 중이라고 했더니, 정형외과로 가라고 했다. 병원에 가서 엑스레이를 찍어보니 넷째 손가락 손등에 있는 뼈가 부러졌다. 뼈가 어긋난 것을 잡아당겨 맞추고 석고보드로 팔목부터 손가락 끝까지 깁스를 하고 엄지손가락만 내어 놓았다.

미끄러운 겨울도 아닌 여름에 손가락이 감금을 당하고 말았다. 팔목까지 깁스를 하고 다니니, 만나는 사람마다 왜 그렇게 다쳤냐고 묻는다. 걱정이 되어서 하는 말이지만 대답하기도 민망스럽다. 특히 오른손을 다쳤으니 불편하겠다며 걱정을 한다. 그런데 남편은 걱정은커녕 핀잔을 준다. 조심성 없이 무엇이 급하다고 전화를 받으려다 다쳤냐며. 나는 야속하고 속이 상했다. 나이를 먹어도 아플 때는 어린애같이 마음이 약해지는 가보다.

남편을 위해 40년이 넘도록 나의 오른손이 밥 해주며 빨래하며 봉사했거늘, 안쓰러운지도 모르고 핀잔을 주다니 해도 너무 하는 것 같다. 남편이 미웠다. 정형외과 의사는 "밤에 아프면 약을 드십시오." 했지만 "약 안 먹어도 참을 만해요 오히려 마음이 좀 더 아파요." 하며 남편을 원망했다. 의사한테 남편을 험담하고 나니, 마음이 풀리는 것도 같고 창피하기도 했다. 집에서 새는 바가지 밖에 나가도 샌다고 했던가. 남편한테 대접받지 못하는데 누가 나를 알아줄까 싶다.

'이가 없으면 잇몸으로 산다'는 옛말이 맞다. 왼손으로 밥 먹고 세수도 하며 머리 감고 목욕도 한다. 그나마 엄지손가락 하나 나와 있는 게 큰 도움이 된다. 손과 발이 없는 사람이 입에 연필을 물고 글을 쓰는 모습이 생각난다. 또 손이 없는 사람이 발가락에 붓을 꽂고 그림을 그리는 것도 보았다. 인간의 지혜가 무한대다. 10여일 지난 후에 정형외과에 가서 넷째 손가락 뼈가 부러졌으니 현재한 깁스를 풀고 반 깁스를 해달라고 했으나, 최하 5주는 참아야 한다며 검지, 무명지 손가락 두 개가 나오도록 깁스 일부를 잘라주었다. 그래서 이렇게 컴퓨터 자판을 두들길 수 있어 다행이다.

우리 나이에 팔 다리 아픈 사람이 많다. 골다공증 때문에 잘 부러지는 것 같다. 가까운 친구는 장딴지 근육이 파열되어 걸음을 잘 못 걸으니, 차라리 나같이 손을 다친 게 더 낫다고 한다. 나는 "오른손을 못 쓰니 얼마나 불편한지 알아?" 하며 옆에 다른 친구한테 말했더니 "다리 못쓰는 것보다 팔 못 쓰는 게 낫지. 걸어 다닐 수는 있잖아." 했다.

사람의 몸 사지오체(四肢五體) 중 필요하지 않은 데가 없다. 건강할 때 불편한지 모르게 사용하며 감사한지 몰랐기 때문이다. 오른손을 다치고 보니, 60여 년 동안 내 몸에 붙어서 내가 생각만하면 움직이고 실천해주는 손이 고마운지 모르고 귀한 줄 몰랐던 것을 깨달았다.

오른손을 깁스하고 보니 핀잔만 하던 남편이 가엾어 보였던지, 설거지도 해주고 청소도 해준다. 반찬도 수저 위에 놓아준다. 이렇게 보살펴주는 남편이 고맙다. 잠시나마 미워하고 험담한 것이 미안하다.

새삼 오른손이 귀한 줄도 깨달으면서….

냉장고 고장

며칠 전 냉장고가 고장이 났다. 냉장실에 불은 들어오는데, 시원한 바람이 안 나온다. 삼일 동안이나 몰랐다. 어쩐지 냉장고 문을 열면 음식냄새가 나고 계란도 미지근해서 만져보니 냉장실이 고장이다.

서비스 센터에 연락했다. 담당기사가 하는 말이 "냉장고가 한 대 더 있으면, 음식물을 옮겨놓고 스위치를 한 이틀 정도 빼놓으면 고쳐진다."고 한다. 그래도 김치 냉장고 밖에 없어서 음식물이 부패하니 빨리 와달라고 했다. 아침 9시에 와서 이리저리 살펴보더니, 냉동실에서 시원한 바람을 냉장실로 내려 보내는 줄이 얼어서 막힌 것이 틀림없다고 한다.

이틀 정도 스위치를 꺼놓으면 되는데, 수리하면 사만원이 든다고 해서 "이틀 후에도 시원한 바람이 안 나오면 어떻게 하고요?" 했더니, 대개는 전화가 안 온다고 했다. 그 말을 듣고 생각해보니, 이참에 냉장고 청소나 깨끗이 하고서 돈도 절약하는 게 나을 것 같았다.

밖에 나가야할 일이 있지만 미루고, 음식물을 김치 냉장고에 넣고 베란다에 내어놓았다. 그리고 냉동실과 냉장실 선반을 꺼내서 깨끗이 청소 하니 마음속이 산뜻하다. 하루쯤 지난 후에 기사한테 전화가 와서 이제 코드를 끼운다고 하니, 안 된다며 하루 더 있다가 꽂으라고 한다.

내놓은 음식물 때문에 안달이 났지만, 기사의 말을 들어야 할 것 같아 하루를 더 기다렸다. 얼어서 막힌 선이 빨리 녹으라고 문을 활짝 열어놓고 보니 깨끗한 냉장고 속이 보기 좋아 기분이 상쾌하다. 아니, 욕심이 가득한 내 마음속도 비우고 씻어내면 저렇게 깨끗해질 것 같았다.

남편 역시 기분이 좋았는지 "하도 냉장고 청소를 안 하니까 하나님이 청소하라고 고장나게 한 거야." 한다. 나는 속으로 그 말도 옳다고 생각 했다. 사실 바쁘다며 아침밥만 해먹고 바람처럼 나오니, 냉장고 청소하기도 힘들다. 지난번에는 남편이 도와주어서 청소한 적도 있다. 살림을 사는 여자로서 부끄러운 일이다.

요즈음 뉴스에는 냉장고에 서식하는 균이 화장실 변기 속 균

보다 몇 십 배 더 많다고 한다. 변기는 매일 청소하지만, 냉장고는 깨끗하다는 선입견에 자주 청소를 안 한다. 남편과 두 식구라 음식을 조금씩 하려고 해도 이것저것 넣다보면 많아진다. 남은 음식을 냉장고에 넣었다 먹지만, 상해서 음식물 쓰레기봉투에 버릴 때는 낭비와 환경을 파괴하는 것 같아 죄스럽다. 특히 아프리카의 굶어 죽어가는 어린이들을 떠올리며….

다행히 돈도 안 들이고 고쳤으니 얼마나 고마운 일인가. 요즘은 전자 제품 기사들이 참 친절하다. 타 회사들과 경쟁하기 때문이다. 본사에서 전화 오면 잘 고쳤다며 말 해달라고 했다. 고장 난 바람에 청소도 깨끗이 했으니 다행이다. 그렇지 않으면, 균이 많다는 뉴스를 보고 우리 집 냉장고와 나를 두고 한 말 같아 당황했을 것이다. 인간에게 주어진 문명이 이롭기도 하지만, 잘못 사용하면 오히려 해롭다는 걸 깨달았다.

젊은 사람들 같으면 버리고 다시 샀을지도 모른다. 20년 가까이 된 냉장고지만 크기 때문에 불편한지 모르고 사용했다. 그동안 혹사를 하며 냉장고가 터지도록 물건을 집어넣고 귀한 줄도 몰랐다. 그런데, 이틀이나 사용 못해보니 소중한 걸 알았다. 그 옛날 우리 조상들은 냉장고 없이 어떻게 살았을까?

청도군 유서 깊은 마을에 400여 년 전 만들어진 석빙고가 있다고 한다. 길이 15m 폭 5m 우리나라에서는 제일 오래된 것이란다. 가보지는 않았지만 TV에 문화관광 해설사가 하는 말을 듣고 사진을 보았다. 화강암을 아치모양으로 쌓아올리고 물이 흘러내리도록 정교하게도 만들었다. 과학적인 구조에 아주 놀랍고 조상들의 지혜에 절로 고개가 숙여졌다. 그곳에 음식물을 저장 해놓고 현대의 냉장고같이 사용했나 보다.

60년 전에도 냉장고가 없었다. 어릴 때 태양이 이글거리는 여름날 할머니는 시원한 냉수에다 보리 미숫가루와 사카린을 넣어서 땀범벅이 된 나에게 주면 그렇게 시원하고 맛있을 수가 없었다. 또 샘물에 담가두었던 열무김치는 새파란 이파리에 희끗희끗한 어린 무 토막이 동동 떠있는 게 일미였다. 보리밥 일지라도 꿀맛이었다.

우리가 결혼할 적에도 냉장고는 없었다. 큰딸이 초등학교 1학년 되었을 적 처음 샀으니, 40여 년 전이다. 냉장고를 마루에다 장식품 같이 놓고, 건넌방 세놓은 새댁한테 냉장고에 김치 같이 넣어도 된다고 하였다. 좁은 냉장고에 김치통을 억지로 넣어서 야채 덮는 유리가 깨졌었다. 그때는 냉장고가 필수 가전제품인 것보다 재산 목록이다. 초등학교에서는 생활수준을 알기 위해 집에 냉장고, 세탁기, 전화가 있는지 생활 기록부에 적어 오라고 할 때도 있었다.

평소에는 소중한 줄 모르고 함부로 썼기에 냉장고도 스트레스를 받은 것일까. 사람도 마찬가지가다. 쉼 없이 일만하며 자신이 너그럽지 못해 더욱 스트레스를 받으면 병이 난다. 욕심스럽게 너무나 많이 넣어서 고장이 난 것이다. 내 마음 속에 있는 욕심도 버리고 깨끗이 청소하면 좋으련만.

그런데 냉장고가 고쳐지니 또 비웠던 속을 꽉 채우며 웃음이 나온다. 자꾸만 집어넣으려는 욕심을 어찌해야 좋을지.

집과 여자

집과 여자는 가꾸기 나름이라는 말이 또 한 번 실감난다.

오랜만에 카메라로 현재 사는 집 전경을 찍었다. 멀리서 전체를 찍으려다가 큰 대문 정면과 작은 대문 옆면을 찍어도 필름이 남는 게 아까웠다. 때마침 남편이 외출하는 중이라 집 앞에서 몇 장 더 찍었다. 나도 찍어준다고 카메라를 바꿔든 남편한테, "화장도 안 하고 옷차림이 안 좋아 싫어요." 했는데 찰칵하며 셔터가 눌렸다.

3일후 사진을 찾아왔다. 생 얼굴로 사진에 나온 내 모습을 보는 순간 깜짝 놀랐다. 찌그러진 얼굴에 주름 잡힌 볼과 초점 흐린 눈, 다 체념해 버린 표정이다. 화장한 얼굴로 찍은 사진은 그래도 봐 줄만했다. 이렇게 차이가 나는 걸까, 집과 여자

오랜만에 카메라로 현재 사는 집
전경을 찍었다. 멀리서 전체를 찍으
려다가 큰 대문 정면과 작은 대문 옆
면을 찍어도.....
— 집과 여자

는 꾸미기 나름이라는 말이 맞는 것 같다. 화장을 하면 피부색도 밝아지고 주름도 어느 정도는 가려진다.

집도 퇴색하면 페인트칠하고 보수한다. 하수관도 바꾸고 막힌 곳은 뚫는다. 전기 배선은 사람의 혈관 같으며, 기둥은 골격 뼈와 같다. 뼈가 튼튼해야 건강하듯이, 철근을 박고 콘크리트로 굳힌다. 벽면은 도배를 한다. 지저분해지면 유행되는 벽지로 다시 도배한다. 여자가 새 옷을 갈아입은 것 같이 깨끗하고 산뜻하다. 보일러도 몇 년 지나면 터지고 고장 나서 교체한다.

나는 단독이 좋아서 주택에만 살았다. 결혼 초에 살던 9평짜리 서민아파트에 살아본 기억이 안 좋아서다. 소녀 시절 외국영화에서나 보던 화려한 아파트가 아니고 복도에서 음식 냄새 나며 화장실을 공동으로 쓰는 아파트였다. 그런데 이제는 편리하게 지어진 아파트가 좋다는 생각이 든다. 아파트 값이 하늘 높은 줄 모르고 오를 때, 남편은 강남의 아파트로 이사를 했으면 했지만 나는 반대를 했다.

그래도 단독주택에 살면서 빨래를 해 옥상에 널면 쨍쨍 내려쪼이는 햇빛이 좋았다. 우리 몸의 골다공증을 예방할 수 있는 칼슘을 만들어 주고 살균소독도 해주기 때문이다. 또 아이스박스에 흙을 담아 쑥갓, 상추, 열무를 기르면 어린 이파리들이 솔솔 바람에 유희를 하고, 벌, 나비들이 어우러지는 것을 볼 때 재미가 있었다. 유기농 야채를 식탁에 올리면 몸에서 힘이 솟는 것 같았다.

무더운 여름밤이면, 옥상 바닥에 자리를 깔고 누워서 하늘나라 공주라도 된 듯이 구름 속에 숨어 별들과 술래잡기를 했다. 그러다가 비행기 가는 소리가 윙 하고 나면 내 자신을 되찾곤 한다. 아마 우리 집 옥상 위 하늘이 항로이었나 보다.

하지만 이제 나도 아파트에 살려고 한다. 현대식 타워로 잘 지었고, 오전에 나갈 때 현관만 잠그면 안전하다. 주차하기가 좋으며 이웃과 서로 신경 쓸 일이 없다. 생각만 있으면 실내 공간별로 어울리는 식물과 베란다 조경이나 녹화를 꾸밀 수 있다는 책자를 살펴본다. 세월에 따라 생각도 바뀐다. 우리 집을 팔려고 한다. 사진을 찍은 것도 실은 주택 공사에 집을 내놓기 위해서다. 아파트로 이사 가기로 남편과 합의했다. 세월의 흐름에 따라 생각도 바뀌고 유행도 바뀌는가 보다.

요즈음은 단독주택을 짓는 사람이 없다. 전엔 가끔 지어봤자 연립이더니 이제는 원룸을 짓는다. 한두 사람 사는 세대가 우리나라 인구의 연 20%라고 한다. 대가족이 한 집에서 사는 것은 옛날이다. 할아버지, 아들, 손자 4대까지 같이 살면서 젊은이는 어른을 공경하고 어린이는 어른한테 예절을 배우는 게 참 좋았었다. 그래서 외국에서는 우리나라를 동방예의지국이라 하였는데….

토지개발 주택 공사에서 다가구 주택을 매입하여 무주택 어려운 사람들에게 임대를 하였다가 재개발 하려는가 보다. 개인끼리 매매하는 것보다 좋다. 감정가 나오면 시간을 두고 시세를 알아보며 생각할 수 있는 기간을 주니 좋은 점도 있다. 나지막한 건물을 밀어붙이고 현대식 타워로 건설할 것이다.

여자들도 나지막한 코를 높이고 처진 눈은 쌍까풀을 한다. 심지어 턱까지 깎아서 계란형 얼굴을 만든다고 했다. 그래서 동양 미인이 점점 사라지며 서구화되어 간다고 한다. 30% 이상이 성형수술 한다니, 하기야 나도 쌍까풀 수술을 오래전에 했다. 잘 안 되어 금방 한 것 같이 부어 있어 눈화장을 한다.

요즈음은 생 얼굴(생얼)을 알아준다고 한다. 처녀 때는 화장 안 하는 여자들이 보기 좋았었다. 그런데 내가 화장을 하기 시작한 후부터는 생 얼굴로 남 앞에 설 수가 없다. 노년에는 품위 있고 인자한 모습이 되고 싶었는데,

그러기 위해 집을 보수하고 페인트칠을 하듯, 여자도 적당히 가리고 적당히 분칠을 하여 품위 있게 자신을 가꾸어야 할 일이다.

시래기

오늘 아침에도 쌀뜨물에 된장을 한 수저 풀고 냉동실에 얼린 시래기를 숭숭 썰어 넣고 된장국을 끓인다.

시래기는 섬유질과 무기질이 많고, 된장은 발효식품이며 우리네 전통 음식이다. 항상 먹어도 질리지 않는다. 장 청소하고 속이 편하다. 남편 역시 쇠고기국보다 된장국을 더 좋아한다. 된밥을 먹던 나도 국물이 있어야 밥이 넘어가니, 나이는 어쩔 수 없나보다.

추석 전날에는 맛있는 음식 냄새라도 풍겨야 하는 것인데, 궁상맞게 시래기를 씻어 큰 솥에 삶으며 횡재나 한 것 같이 입가에 미소까지 머금은 내 모습이 우습다. 고유 명절에 다른 집에선 조상님께 차례 지내려고 녹두지짐이도 부치고 하얀 버선목 같은 송편을 빚어 솔잎에 싸서 시루에 쪄내느라 분주할 것이다.

그런데 혼자서 한가하게 시래기만 삶아내니, 차례상을 차리지 않는다고 하지만, 시누이, 올케가 눈코 뜰 새 없는 다른 집과 대조적이다. 이유는 두 아들이 분가해서 살고 내가 몸이 부실하여 음식 준비하기 힘들어서다. 또 딸은 시댁에 가서 차례 지내니 그럴 수밖에 없다.

그래서 우리 집만의 규칙을 정했다. 설날에는 큰아들 집에 모이고, 추석에는 작은아들 집에서 추도 예배드리고 음식을 해서 먹기로 했다. 그래도 김치라도 담가가야 할 것 같아 추석 전날 늦게야 김칫거리 사러 시장에 갔다. 그런데 배추가 다 떨어지고 없다. 옛말에 '게으른 사람 섣달 그믐날 나무하러 간다'더니, 나를 두고 한 말 같다.

금년 여름에는 비가 많이 오기도 했고, 항상 추석에는 배추가 비싸지만 동이 나기는 처음인 것 갔다. 시장이나 가게에도 마트에도 배추가 다 떨어졌다. 김치에 넣을 양념을 해놓았기 때문에 포기할 수 없어, 마지막으로 재래시장에 가보니 배추 서너 포기가 눈에 들어왔다. 반가워서 사려고 했더니 그도 이미 팔린 거라고 한다.

또 다른 가게로 갔더니 팔고 남은 주먹만 한 배추 서너 포기가 있다. "떨이로 5천 원만 주세요!" 해서, 얼른 집어 들며 떨어진 배추 잎을 주워 담았다. 그걸 본 가게 주인이 "더 드릴까요?" 한다. 주면 고맙다고 했더니 깨끗한 것을 모아 큰 비닐봉투에 가득 담아준다. 혼자 들고 오기 무거웠지만, 남편도 보드라운 시래기 국을 좋아할 것 같고, 또 귀한 배추 시래기를 공짜로 얻은 걸 생각하니 무거운 줄도 모르며 들고 왔다.

삶은 시래기를 한 번 먹을 만큼씩 짜서 냉동실에 넣으며 한동안 맛있는 시래깃국 먹을 걸 생각하니, 쌀독에 쌀이 가득한 것 같이 부자 된 마음이다. 오교수님의 '시래기' 수필론이 생각난다. 살림 경험이 적은 새댁은 시래기를 쓸모없다고 버리지만, 경험이 많은 주부는 그걸 말렸다가 맛좋은 겨울 양식으로 쓴다고 했다. 경험이 곧 창조의 비유다.

또 이어령 교수는 시래기를 재활용하여 식품으로 만들어 먹는 나라는 동남아에서 우리나라 밖에 없다고 했다. 그 옛날에는 어려운 사람이 배를 채우려고 시래기죽이나 국을 먹었지만, 현대는 웰빙 식단이다. 시래기가 영양가 있고 좋다며 아예 밭에서 시래기로만 쓸 수 있는 무를 심어 다 자라면 무는 뽑지 않고 무 대가리만 잘라서 줄에 걸어놓아 햇빛에 말려 식당에 납품한다고 했다. 시래기같이 내어놓을 것 없는 평범했던 지난 세월이, 쓸모 있고 보람 있는 삶이되기 위해 부지런히 좋은 책도 읽고 글도 쓰도록 노력해야겠다.

추석날 송편이라도 조금 사서 아들집에 가려고 했는데, 이웃에서 송편을 금방 쪄서 많이도 가져왔다. 또 다른 분은 국내산 녹두로 부친 거라며 빈대떡을 많이 가져 왔다. 고마워서 과일과 그 시래기를 주면서 매운탕 끓일 때 넣어도 좋다고 했다.

사지 않아도 추석의 대표적인 음식이 생겨 아들집에 가져갔다. 그랬더니 "어머니는 언제 이렇게 만들었어요?" 하는 것이다. 마음이 넉넉해졌다. '더도 덜도 말고 한가위만 같아라!' 했던가.

웰빙 식품인 그 시래깃국을 끓이려면 쌀뜨물에 된장을 한 수저 풀어 넣고, 거기다 멸치나 대여섯 마리 헤엄치게 하면 되겠지….

벙어리 집

밭에는 어린 채소들이 재롱을 떨고, 둑에는 뽀얀 쑥이 털북숭이같이 고개를 들고 일어나는 밭둑으로 올라가, 허름한 기와집을 샀었다. 처음 장만하여 내 집이라 좋아했는데, 나중에 알고 보니 출입구가 없는 '벙어리 집'이었다.

67년 11월말 축복이라도 하듯이 첫눈이 펑펑 쏟아지는 날 결혼을 했다. 그때 시아버님이 "우선 남의 집 세로 살아라." 하며 얻어주신 것이 서민아파트 9평짜리였다. 결혼 전 남편의 말에 의하면, 자기 명의로 부모님이 사놓은 집이 있다했지만, 시댁은 경남 마산이고 우리는 서울서 신혼살림을 차렸기 때문에 들어갈 수가 없었다.

꿈 많던 소녀 시절 아파트에 대한 환상은 산산조각이 났다.

X언니와 외국 영화를 보고는 '이다음 결혼하지 말고 빙빙 돌아가는 의자에 앉아 토스트 빵이나 구워먹으며 멋있게 살자' 꿈꾸던 아파트가 아니었다. 삭막한 시멘트 긴 복도에 공중 화장실과 상수도가 붙어 있었다. 냄새나는 화장실 앞에서 빨래를 하고 식사 준비할 때는 된장 끓이는 냄새와 각종 음식 냄새가 복도에 꽉 찼다. 연탄을 때는데, 난방도 안 되어 몹시도 추웠다. 지금은 아무리 영하로 떨어져도 아파트에선 반소매를 입고 살지 않는가. 그때 아파트에 대한 선입견이 좋지 않아 지금까지 단독주택에만 살고 있다.

지금은 주거에 대한 생각도 바뀌어가고 있다. 선진국 같은 데는 내 집과 가구에 연연하는 것보다, 가방 하나 싸들고 이사 다닌다는 말을 들었다. 사는 데 편리하고 가벼운 마음으로 건강하게 살면 되지 않나 해서인가 보다.

10년 전만 해도 재산목록 1호인 주택을 지으면 마당에는 넝쿨 장미 한 그루 심어야하고, 봄의 전령인 목련도 심어야 했는데, 지금은 주차난 때문에 있던 정원도 없애버리고 주차장을 만든다. 삭막한 시멘트 바닥에 인심마저 각박해진 것 같다. 이웃 간에 부침개라도 담 너머로 나누어 먹던 때가 좋았는데. 지금 사람들은 바쁜 시간에 떠밀려 사노라 정신적 여유가 없는 것 같다.

요즈음 큰아들 부부는 맞벌이하여 저축한 돈과 부족한 것은 대출받아 아파트를 사겠다고 한다. 그 돈이면 변두리에 큰 평수를 살 것인데, 역세권인 직장 가까운 곳 적은 평수를 사겠다 하니 말릴 수도 없다. 결혼할 때 임대 아파트를 세로 얻어주었는데, 3년 만에 집을 장만하니 대견스럽기도 하다. 더욱 마음이 아픈 것은, 아들 명의로 재건축하는 아파트를 사놓고 돈이 들어갈 때마다 급여 받은 돈으로 물어넣다가 IMF 때 팔아버렸으니 아쉽고 서운하여 며느리 보기가 민망스럽다. 아들 며느리는 새로 사려는 아파트의 등기하는 절차며 융자받는 것을 조금이라도 유리한 쪽으로 똑똑히 알아보고 다니는데, 나는 35년 전 그 나이에 바보같이 확인해 보지도 않고 출입구가 등기상에도 없는 벙어리 집을 매입했으니, 부끄럽다.

적은 돈으로 사자니 흠이 있는 것을 산 것 같다. 집도 상품이라는 것을 절실히 느꼈다. 한 부지 위에 집 두 채가 지어진 것이다. 대문이 있는 쪽이 앞집이고 뒷집이 우리 집이었다. 출입구로 들어와 벽 옆으로 돌아 들어와야 했다. 매일 늦게 들어오는 남편이 불편해하지 않았으니, 오직 내 집이라는 것만으로도 만족했던 것이다.

그 시절에는 대문에 초인종도 없으며 전화도 없었다. 아마 문을 열어놓고 살 정도로 인심이 좋았던 것 같다. 만약 두 집이 사이가 나빠져 앞집에서 담을 쌓아버리면 뒷집은 출입구가 없는 벙어리 집인 것이다. 때로는 밭둑으로 올라오면 앞집을 통과하지 않고 우리 집으로 들어올 수가 있었다.

그런데 한 번은 시댁에서 막내 시누이 결혼식에 참석하라는 편지가 왔는데 앞집에서 남편 이름을 몰라 그런 사람 없다며 되돌려 보내서 결혼식도 참석하지 못하고, 시댁에서 꾸지람을 많이 들었다. 더욱 내가 원망을 많이들은 셈이다. 집에 있지 않으니 편지도 못 받은 것이라며, 그때는 시집와서 장님 3년, 귀머거리 3년, 벙어리 3년을 채우는 해였기에 아무 말 못 하고 참아야 했던 것이다.

그래도 앞집과 사이좋게 잘 살다가 그 집을 팔아 목돈 가지고 큰 집, 작은집, 이층집, 삼층집을 사고팔고 했으니, 부동산 경기가 좋을 때 재미를 본 셈이다. 그래서 '세상사 새옹지마'라 했던가.

삼십년 전 그 목소리

파마를 하려고 반포에 있는 미용실에 갔었다. 내 차례를 기다리느라 잡지책을 뒤척이며 창가로 스며드는 늦가을 따스한 햇살을 붙들고 있는데, 문 여는 소리가 들렸다. 오랜 기억 속에 낯익은 음성이 들려서 뒤돌아보는 순간 이름이 금방 생각나는 교회 친구다.

30여 년 전 아담하고 깜찍한 새댁이었던 친구가 노인이 되었다. 이층 양옥집의 사모님 소리를 들으며 다복했던 그가 화장품회사 유니폼을 입었다. "오랜만이네" 반가워서 손을 잡고 지난날을 회상하며 서로의 안부를 물었다. 창가에 마주앉아 일회용 커피지만 한 모금 입안에 넣으며 향을 음미하고 있을 때, "나 혼자야" 해서 "왜, 남편 돌아가셨어?" 했더니, 이혼했다며 얼굴이 굳어졌다.

그동안 겪은 이야기를 할 때, 마음이 아프다 못해 가슴이 저려왔다. 친구 남편은 큰 회사 중역이었는데, 사표를 내고 건설회사를 동업한다며 사는 집도 담보하고 친척들 돈까지 얻어서 투자한 게, 사기 당했다고 했다. 돈 빌려 쓴 사람들이 소송을 해서 남편 대신 법정에 불려 다니고 남편은 피신해 있으니 실업자로 발붙일 곳이 없었다고 하였다.

남편이 생각 끝에 미국 시민권 가지고 있는 여자와 정략 결혼하여 미국으로 간다 해서 허락했더니 갈 때는 돈 벌면 가족을 데려간다 했지만, 결혼한 여자한테 붙들리어 전화도 안 받고 연락을 안 하니, 친구는 어린 남매와 늙으신 시어머님을 모시고 살기 위해 화장품 회사에 들어갔는데, 정신없이 살다보니, 3일 전에 30년 근속 상을 받았다고 한다.

무거운 아모레 가방을 들고 아파트 문을 두들기면 문 열어주지 말라는 고함소리가 날 때는 아파트 옥상에 올라가 실컷 울다가, 다시 웃는 얼굴로 화장품을 팔고는 저녁에 녹초가 되어 무거운 발걸음으로 지하 단칸방을 향할 때는 눈물이 앞을 가려 길이 안 보였노라고 하였다.

쥐똥이 수북이 쌓이는 지하 단칸방에 네 식구가 살지만, 공부 잘 하는 아들딸을 바라보며 용기 내어 살았다고 했다. 딸은 이화대학을 들어갔는데, 아들이 '왜 제일 잘 사는 반포에 제일 못 사는 우리가 사느냐'며 반항할 때는 눈물로 기도하며 달랬다고 한다. 결국 아들이 마음을 잡아 공부할 테니 스파르타식 학원을 보내 달라 해서 할 수 없이 지하 전세방을 사글세로 돌리고 학원을 보내 주었다고 했다.

아들이 고려대학에 합격했다는 통지서를 받은 날, 딸과 세 식구가 부둥켜안고 한없이 울었다고 한다. 아들이 필통 속에서 면도칼을 꺼내어 놓더란다. 어머니가 끌고 다니는 무거운 가방을 생각하며, 자신들을 팽개치고 떠난 아버지를 원망하며 만약, 대학에 못 들어가면 동맥을 끊으려 했다고 하더란다.

그동안 소식이 없던 남편이 친지를 통해 아들이 명문대 합격했다는 말을 들었는지 전화가 왔더란다. 아들이 받더니 "왜 전화했어요?" 하며 수화기를 놓으니 또 전화가 왔을 때는 딸이 받아서 "우리 어머니 이용할 일이 아직도 남아 있나요?" 하며 전화를 끊더란다. 오랜만에 듣는 아빠의 음성인데, 얼마나 한이 맺혔으면 그랬을까.

그동안 한 번 한국에 나왔는데 직장에 들어갈 수도 없고 돈벌이가 없어서 다시 들어갈 때는 어린 남매가 "아빠 가지마!" 울며 붙들었지만 뿌리치고 갔단다. 친구가 또 한 가지 배신감을 느꼈던 것은 시어머님을 시누네 집에 오게 해서 시누이 부부와 시어머님을 관광으로 미국에 초대했던 것을 나중에 알게 되었다고 했다. 그 말을 하는 친구의 얼굴이 경련을 일으키고 먹구름이 돌며 소나기가 쏟아질 것 같았다.

나는 더 이상 말을 들을 수가 없어, 저녁이나 같이 먹자며 붙들고 일어섰다.

식당에서 막 수저를 들 때, 친구의 핸드폰으로 굵직한 남자의 음성이 들려왔다. "어머니 어디세요? 식사하러 오세요." 하는 아들의 목소리였다. 결혼해서 따로 살고 있는 아들 며느리가 잘 한다니 마음이 놓였다.

젊은 나이에 혼자서 고난을 극복하며 아들딸을 훌륭하게 키워낸 친구가 대견하고 존경스럽기까지 했다. 그러한 힘이 어디서 났을까? 그가 전능자를 의지했기 때문이다. 신앙심이 깊기 때문에 참아낸 것이다. 누가 '여자는 약하나 어머니는 강하다' 했던가? 나는 오늘도 찬바람이 살갗을 파고드는 새벽을 가르며 교회에 갔는데, 그 친구의 생각이 머릿속에서 떠나지 않아 기도할 수밖에 없다. 30년 전에 꽃같이 아름답고 행복했던 친구가 모진 풍상을 겪은 고목이 되었지만.

늦게라도 가정이 합쳐지고 행복한 여생이 되기를 기도할 수밖에….

산, 마루에서 오른다

내일은 비가 오려나. 앞산이 우리 집 마루로 가까이 들어온다. 뜨거운 폭염으로 며칠 동안 시달리다보니, 한 줄기 시원한 소나기라도 내려 주었으면 하는 바람이다.

산골에 사시던 친정어머니는 산이 가까이 보이면 비가 온다고 하신다. 89세인데 우리 집에 계신 지 몇 달 되었다. 단독에 살다가 아파트로 이사 와서 남편과 두 식구인데, 큰 방이 3개나 되어 우리 집에 와 계시라고 했다. 그런데 내가 매일 아침에 나갔다가 저녁에 오니 적적해 하시고 어린아이같이 빨리 들어오라고만 하신다. 늙으면 어린아이가 된다고 하더니….

그래서 오늘은 밖에 나가지 않고 어머니와 같이 옛날이야기나 하며 감자라도 삶아 먹고자 했다. 하루 종일 딸과 시간을 보낸다고 좋아하신다. 마루에서 보이는 관악산이 외갓집 마당에서 보이던 운장산과 똑같다고 하신다. 나도 어릴 적에 본 외가 동네 운장산이 지금 보이는 관악산과 같아 보인다. 진안군에 있는 운장산은 해발1,126미터 되는 높은 산이다.

관악산은 서울대학을 감싸고 있는 명산이다. 좌정하고 앉은 것 같이 정면으로 우리 아파트 마루를 향하고 있다. 3층인데 앞에 건물이 가리지 않아서 전망이 좋다. 7월까지만 해도 선풍기도 필요 없었다. 바람이 앞뒤로 통해서 시원하다고 자랑했더니, 8월 들어서 10여 일은 찜통더위에 에어컨을 틀어야 잠을 잘 수가 있었다. 17년 만에 찾아온 더위란다. 그래도 녹색으로 치장한 산이 마음을 편안하게, 시원하게 해준다. 꼭대기는 국기봉이라고 하는데 높은 탑이 있어 밤이면 불을 켜서 반짝반짝 밝힌다. 거기가 항로인지 비행기를 위한 것 같다.

어머니가 혼자 계실 때는 소녀 시절을 회상하고 하루에도 몇 번씩이나 앞산을 바라보며 눈과 마음으로 등산한다고 했다. 나도 역시 그런다. 요즈음은 못가도, 아이들 어릴 때 주말이면 데리고 가서 개울가에 발 담그며 싸온 도시락 먹고 놀던 일, 동네 사람들과 등에 땀이 배도록 산을 오르내리던 일을 생각하면서 어머니처럼 산엘 오른다.

어머니는 소녀 시절, 언니들과 운장산에 나물 캐러갔던 때를 이야기 하신다. 비가 온 후에 산에 가면 손가락 같은 고사리가 쑥쑥 돋아나 고개를 내밀고 있다고 했다. 고사리 꺾는 재미에 점심 먹는 것도 잊고 있을 때 누가 싸와서 먹은 보리개떡의 맛을 잊을 수 없었다고 한다. 고사리를 삶아서 말려두면 장사가 와서 비단과 바꾸어 갔다고 하셨다.

뿐인가. 오월 단오에는 비단옷에 홍색 갑사댕기로 머리를 묶고 펄렁펄렁 널을 뛰고 그네 뛰던 때가 그립다고도 하신다. 왜 그렇게 세월이 빨리 가는지 좋은 시절 다 갔다며 서글퍼 하시는 89세의 어머니. 쭈글쭈글한 얼굴에 검버섯이 유난히 짙다. 그래도 건강하게 오래 사셨으면 좋겠다.

병원 검진 결과 안 좋은 것 같으나 어머니한테는 괜찮다고 했다. 깔끔하고 부지런 하셔서 새벽에 일찍 일어나시면 습관처럼 주방에서 딸그락거린다. 어머니 친구분들한테서 오는 전화가 어떤 때는 나보다 많다. 그런 어머니가 좋아 마음속으로 '오래오래 사세요' 한다.

오늘따라 앞산이 유난히 더 가까이 우리 집 마루로 다가선다. 어머니와 나는 손을 맞잡고 예의 산을 오른다. 관악산을.

아침에 창문 여니 앞산이 다가오네!
먼 산이 가까우면 소나기 온다는데
메마른 대지위에는 비가 오면 좋겠다.

환자복

후텁지근한 날씨가 계속이다. 실내에서 에어컨 바람으로 더위를 참아내다가 밖으로 나서면 진득진득한 불쾌감은 이루 말할 수 없다. 오후 3시쯤 소나기가 후드득 쏟아져 이글이글 달구어진 시멘트 바닥을 식혀 놓았다. 가로수 포플러 나뭇잎들은 샤워를 하고 생기를 내뿜으며 한들한들 춤을 추고 있다.

딸 경선이가 나를 승용차에 태워가더니 G병원 1인실에 입원시켰다. 당뇨 수치가 오르고 살이 너무 많이 빠져서다. 호텔같이 깨끗한 방에 침대보까지 화사한 누비이불이라 아늑한 침실 분위기다. 금년에 피서도 못 갔는데 조용한데 피서 온 것 같다.

간호사가 기본적인 것 체크하고 나가면서 상냥한 말씨로 "저기 환자복으로 갈아 입으셔요." 하며 침대 위에 개켜진 환자복을 가리킨다. 하얀 면에 파란 줄무늬가 선명한 게 새 옷 같다. 병원도 새로 지었고, 더구나 1인실이니 사장님이나 높은 사람이 입원할 줄 알고 남자 환자복으로 두었던 것 같다. "어머니 너무 커요 바꾸어 올게요." 하며 딸이 제일 작은 사이즈로 바꾸어 왔다. 색상이 바란 헌 환자복이라도 질질 끌리지 않아서 좋았다.

딸 경선이는 애들 학원 데려다 주고 온다며 병실을 나갔다. 나는 침대에 누워 깨끗한 병실 안을 둘러보며, '하나님 감사합니다. 금년 여름에 피서도 못 갔는데, 잘 쉬고 건강도 체크하고 나가겠습니다.' 하고보니, 큰며느리한테 감사해야 할 것 같다. 큰며느리가 다니는 회사에서 부모님 병원비가 나오는 보험을 들어 입원비 걱정 안 해도 된다고 해서 1인실에 입원했다.

당뇨로 체중이 급격히 빠져 의사가 입원 치료를 권유해서 부랴부랴 입원했다. 사실 나도 불안했다. 65kg 나가던 체중이 수술 후 53kg나가더니 50kg도 못나간다. 만나는 사람마다 인사가 몰라보겠다고 했다. 전에는 얼굴이 핼쑥해졌다는 말만 들어도 예뻐졌다 소리보다 더 기분이 좋았었는데. 남편과 나는 비만이었다. 부부동반 모임에 갔다 올 때마다 생각하기를 '1년 후에는 살을 빼고 가야지' 해도 그게 쉽지가 않았다. 이제는 조금 찌고 싶다.

밤이 된 것 같아 창밖을 보니 까만 천 위에 예쁜 수를 놓은 것같이 휘황찬란한 레온사인과 밤하늘의 별빛이 조화를 이룬다. '저 불빛 속에는 인간들의 희로애락이 감추어져 있을 것이다.'라는 상념에 잠겨 있을 때, 간호사가 와서 CT를 찍어야하니 12시부터는 물도 마시지 말고 금식하라고 했다. 물이라도 미리 마시려고 냉장고 문을 열었다.

그런데 딸이 사다 넣어둔 먹음직한 복숭아가 눈에 띈다. 먹고 싶은 유혹이 생긴다. 아직은 12시 15분전인데 먹을까 말까, 그래도 먹고 싶다. 드디어 한 입 깨물었다. 새큼 달작지근한 물이 입안에 가득해진다. 너무 맛있어서 큰 복숭아 하나를 다 먹고 보니, 에덴동산에 이브가 생각났다. 뱀의 꼬임에 먹음직도 하고 보임직도 하여 선악과를 따먹고 말았다.(창세기 3:3~7) 나 역시 간호사가 금식하라는 말에 더 먹게 된 것 같다. 웃음이 나온다. 그리고 환자복 때문에도 웃지 않을 수 없다.

8년 전 S대학 병원에 입원했을 때 환자복이 맞는 게 없어서 바지를 남자 걸로 바꾸어 입었었다. 지금은 웃음이 나오지만, 생사가 오락가락 하였었다.

1999년 2월에 충남 쪽으로 가다가 사고가 나 가까운 C대학 병원에서 8시간이 넘는 대수술을 받았다. 지방대 병원에서는 여태껏 해 본 적이 없어 교과서 펴놓고 수술할 만큼 어려웠다고 하였다. 그 병원에 40일 동안 입원해 있는 동안 물 한 모금 주지 않아서 입안은 메마른 논바닥같이 갈라져있고 진통제는 6시간마다 맞아야 아픔을 참을 수가 있었다.

S대 병원으로 구급차 타고 이송되어 환자복으로 갈아입으려 할 때 뚱뚱하기도 했지만, 수술로 인하여 배가 부어있고 붕대를 감아서 여자 환자복은 맞지가 않아 남자 옷을 입었었다. 그 때는 죽음을 준비해야 했지만, 살고 싶은 욕망이 간절했었다. '하나님 살려주셔요, 이제껏 살면서 밥그릇 수만 늘리고 이기적인 삶을 살았어요, 살려주신다면, 양보하며 사랑하고 살겠어요.' 라고 했었다. 인간이 죽음 앞에서는 삶을 뒤돌아보며 회개하는가 보다. 항상 준비하며 후회 없는 삶을 살아야 하는데, 못난 자아가 남을 위해 살지 못하고 있다.

6인실의 병실이 답답하여 휠체어를 타고 복도에 나가 창문을 열면 차가운 바람이 신선하고 시원하게 느껴졌다. 옷을 벗은 까만 나무들도 삭풍(朔風)을 맞으며 울고 있었다. 나무와 속삭였다. "나무야! 그 풍성한 초록 옷을 입고 우아하게 뽐내던 시절은 어디 갔냐? 매서운 바람과 눈보라가 파도처럼 때려도 의연하게 서서 봄이 오기를 기다리는구나. 너와 나는 어쩜, 동병상련(同病相憐)이구나. 나도 희망의 봄이 오면 퇴원하게 될 거야" 했다. 봄이 오고 계절의 여왕인 5월에 퇴원하였다.

그런데 금년 2월에 또 교통사고로 척추 뼈 2, 3번이 압박골절 되었다. 마을버스 안에서 넘어졌다. 나의 부주위인데 운전사와 보험회사에 미안했다. 입원을 자주하게 되어 부끄러워 알리고 싶지 않았지만, 창작수필 목요반에 못 나가게 되어 문우들이 알고 병문안을 왔었다. 바쁜 시간 내어 와 준 것도 감사한데 금일봉까지 모아서 온 것이다. 너무 감사했다. 마음속 깊이 묻어 두어야지.

이번에 세 번째 환자복을 벗으면 다시는 입지 말아야 하는데….

이날을 잊지 말자

6월은 모든 식물이 성장하여 진초록으로 살이 쪄서 도로의 가로수는 우아하고 농촌의 산야는 풍성하다. 그러나 60년 전 우리의 6월은 골육상잔(骨肉相殘)의 피비린내로 얼룩졌다. 그래서 나는 6월이 오면 '6·25, 이날을 잊지 말자' 외치고 싶다.

마침 월드컵경기장에서 나라를 위한 기도회가 있다며 같이 가자는 교우의 전화를 받았다. 3시 약속 장소에 갔더니 관광버스 2대에 벌써 좌석이 다 찼다. 나이를 먹었다는 이유로 자리를 양보 받아 편히 앉아서 갔는데, 사방팔방에서 버스가 많이도 왔다. 나를 데리고 간 사람과 손을 꼭 붙잡고 갔지만 나누어 주는 생수 한 병 받다보니 그만 손을 놓치고 말았다.

많은 인파 속에 같이 간 사람을 잃어버렸는데 찾을 수가 없다. 텔레비전에서나 보던 월드컵 경기장이 처음이고, 내가 몇 호 버스를 타고 왔는지도 알 수가 없다. 꼭 미아가 된 기분이다. 안내한테 물어보아도 모른다고 했다. 그 사람은 얼마나 애를 태우고 있을까, 소음 때문에 핸드폰도 받지 않는다. 그러다 어렵게 연락되어 만났다.

잡아놓은 자리에 앉자마자 '분단을 넘어 평화로'라는 주제로 대회사가 시작되었다. 6·25때 찍어 놓은 필름을 모아서 영상을 보여주는데 가슴이 울컥하고 눈시울이 뜨거워졌다. 어린 아이를 업고 걸리며 피난 가다가 폭격에 맞아 죽어가는 민간인들, 속수무책이었다. 그리고 형제끼리 사상과 이념이 달라 총칼을 겨누는 비극이었다.

더욱 가슴 아픈 것은 고인이 된 나의 할머니와 생존하신 어머니가 생각나서다. 아버지와 삼촌이 서로 사상과 이념이 달라 목숨을 잃게 되었다. 한꺼번에 두 아들을 잃은 할머니의 심정은 오죽했으랴. 정신 나간 사람같이 마루에 앉아 멍하니 먼 산을 바라보며 긴 담뱃대를 물고 계시던 할머니 모습이 떠올랐다. 어린 나를 안고 담배를 피우시다가 나의 왼쪽 손목에 덴 흉터를 남겼다.

또 꽃다운 나이 삼십도 안 되어 청상과부가 되신 우리 어머니를 생각하니 더욱 가슴이 저려왔다. 어린 남매를 기르느라 얼마나 고생을 하셨을까. 아직 생존해 계신 87세의 어머니를 찾아뵙고 위로하고 싶은 마음이 들었다. 어린 아들(동생)을 업고 피난 갈 때, 어느 초가지붕 밑에 엎드려 피신하는데 총알이 머리 위로 쌩 하고 날아가니, 놀란 아이가 입술을 깨물어 피가 주르르 흐르더라고 하셨다. 어디 전쟁과부, 이산가족, 고아가 우리 가족뿐이겠는가. 온 백성이 살기 위해 생사를 넘나들며 보따리 하나씩 이고지고 피난 갔을 것이다. 폭탄이 터져 눈앞에서 죽어가는 가족을 보며 피눈물을 흘렸을 것이다.

1950년 6월 25일 새벽에 북괴가 남침을 했다. 왜 그들은 끊임없이 전쟁 도발만 일삼아 오는 것일까? 틈만 나면 도발을 일삼는다. 금년 들어 서해에서 자행한 천안함 폭침 사건도 예외는 아니다. 우리의 형제와 아들을 46명이나 희생시켰다. 그러고도 시치미 떼는 저들이 잘못을 뉘우치지 않고 사과하지 않는 것을 볼 때 분통이 터질 것만 같다.

우리는 저들이 주리고 목마를 때 식량과 의류와 물자를 공급하며 공장을 지어 일자리까지 마련해주었다. 그런데 그들은 육로에서 해상에서 도발적 만행을 일삼고, 핵 보유 국가임을 공식으로 선언하여 온 세상을 경악케 했다. 그러니 전쟁을 겪지 않은 우리의 젊은이들에게 일깨워주며 안보의식을 더욱 고취시켜 주어야 한다.

이명박 대통령 격려사가 있은 후, 평화의 메시지 "이날을 잊지 말자"라는 조용기 목사님 말씀에 6·25를 상기했다. 전쟁이 얼마나 잔혹한지 다시 한 번 생각했다. 경기장에 모인 수많은 인파가 뜨거운 마음으로 기도했다. 이 땅에 동족상잔의 피 흘림이 없게 해달라고 목청이 터지도록 부르짖었다. 또 6월 23일 새벽에 나이지리아와 우리 축구팀이 하는 경기를 잘 해서 16강에 들게 해달라는 소망을 빌었다.

그리고 평화메시지를 전하기 위해 미국 전 대통령까지 왔다. 조지 W부시의 한미 국가는 굳건한 동맹 관계라는 말에 박수갈채가 터져 나왔다. 미군이 3만여 명이나 6·25때 참전했다가 희생되었다는 말에 감사하다는 뜻으로 박수를 쳤다. 현재는 아프간에 우리 국군을 파병해준 것도 잊지 않겠다는 말을 하였다. 우리도 도움을 받았으니 당연하지만, 아프간 전쟁이 빨리 끝나서 우리의 젊은이들이 무사히 귀국하기를 바랄 뿐이다.

반세기가 지났지만 6·25전쟁의 아픈 잔해는 남아 있다. 타의에 의해 국토의 허리가 잘라져서 생이별한 가족과 전쟁고아들이 있다. 총알과 파편이 몸속에 있는 상태로 사는 사람과 상이용사들도 많다. 또 텔레비전을 보니 6·25때 참전했던 78세 된 한 미국인은 전쟁증후군에 시달리고 있으며, 82세 된 한 영국인은 한 달에 한 번씩 정신과 병원을 찾는다고도 했다.

그때는 우리의 국력이 약했으니, 우방 국가들의 도움이 필요했다. 이제는 국력을 키워야 한다. 경제도 세계 11위가 되었으니 국방을 더욱 튼튼히 했으면 좋겠다. 그리고 가난하고 소외

된 이웃 나라들도 도와주게 되었으니 우리는 전쟁의 잿더미에서 부활한 것이다. 그러니 미래를 책임질 청소년들이 안보의식을 더욱 굳건히 했으면 하는 바람이다.

이제 우리는 원조 받던 나라에서 원조하는 나라가 되었다. 세계 11위라는 경제대국으로 발돋움 했으니 자랑스러운 일이다. 그러나 6 · 25, 이날만은 잊지 말아야 한다.

화초 가꾸기

오전에 밖에 나갔다가 자정이 되어서야 집에 왔다. 희뿌연 달빛 아래 보이는 현관 앞 돌계단이 깨끗해지고 십여 개나 되는 난 화분들이 없어졌다.

키 큰 장미와 모란꽃 화분만이 주인을 반긴다. 지난겨울 혹독한 추위에 하얀 눈으로 덮었던 이불을 걷어치우며 봄소식을 알리려고 모란 잎들은 가지마다 뾰족이 솟아 나왔다. 다른 화분들은 실내에 들여 놓았지만, 장미와 모란은 엄동설한을 견디어 내야 꽃이 잘 핀다기에 있던 그 자리에 두어 겨울을 나게 했다. 장미는 4년 전 어머니가 가져다 주셨고, 모란은 충청도 우리 산에서 가져온 지가 20년이 넘었다.

현관문을 열고 들어서며 물었다. "어머니, 밖에 있는 난 화분들 어디 있어요?" 너무나 지저분해서 버리고 몇 개만 계단 밑에 두었다고 하신다. "봄이 오면 동양란, 양란을 뿌리째 사다가 심으려고 했어요. 자갈흙도 돈 주고 사야하는데" 하며, 나도 모르게 역정을 냈다.

초저녁잠이 많으신 어머니는 주무시다가 벌떡 일어나며 "하도 지저분해서 청소했는데 그러냐! 내일 버린 화분들 주워다 놓을게." 하셨다. 어머니는 성격이 깔끔하고 부지런 하셔서 일감을 두고 못 보신다. 지난번에도 집에 오셨다가, 겨울 커튼으로 바꾸려고 내놓은 것을 세탁하려는 줄 알고는 빨아서 널어놓고 가신 적도 있었다.

요즈음도 일 년 만에 오셔서 10여 일 있는 동안 손대지 못한 베란다 청소며 주방 싱크대와 창문틀의 묵은 때를 깨끗이 청소해 주셨다. 친정어머니는 연세가 86세나 되셨어도 딸네 살림살이가 걱정이 되는가 보다.

모란은 10년 전에 심은 대로 두고 그동안 분갈이를 못 해주었다. 상당히 큰 화분에 심겨져 있어서 그냥 놔두었지만, 화분이 빽빽하게 가지를 쳤다. 분갈이를 하려면 화분을 깨야 할 것 같아 망설여진다. 물을 받아먹는 식솔들이 늘어난 것이다. 하기야 우리 애들 삼 남매도 그동안 결혼해서 손자 손녀를 여섯 명이나 낳았으니 세 집이 다 식솔들이 늘어난 것이다.

또 어떤 화초는 제 몸보다 더 크고 좋은 화분에 옮겨 심으면 그때부터 잎이 무성하니 보기 좋게 자란다. 좋은 흙에 양분을 받아 잘 자라는 화초를 보며 인간과 같다고 생각했다. 화초도 분갈이를 할 때는 뿌리를 잘라내고 떼어서 나누어 심게 된다. 한동안은 아픈 몸살을 하지만 새 흙에 양분을 받아먹고 싱싱하게 잘 자란다. 사람도 제가 난 뿌리에서 떨어져 입양될 때는 안쓰럽지만, 선진국에서 좋은 양부모 만나 문화적 혜택을 누리며 교육을 받아 훌륭하게 자란 것을 보았다.

가난해도 친부모 밑에서 자라면 사랑은 받겠지만, 교육을 제대로 받을 수 있었을까. 양부모 만나서 훌륭하게 자라 한국에 나와 뿌리를 찾는 것을 보았다. 외국 사람들은 아이를 입양해도 장애가 있는 애를 데려다가 몇 번씩 수술을 하고 고쳐주는 것을 볼 때 감동적이었다.

더 감동적이었던 것은 입양한 아이가 다 컸는데 백혈병에 걸려서 양부모가 같이 한국에 나와 친부모 형제를 찾아 헤매는 것을 보았다. 그런데 찾지 못하여 울부짖는 것을 볼 때, 너무나 가슴이 아팠다. 우리 한국사람 중에라도 검사하여 똑같은 백혈구가 나왔으면 하고 간절히 기도했었다.

화초도 작은 것을 값싸게 구입하여 키우면서 재미를 느낀다. 벤자민은 작년 여름에 사서 가꾸다가 겨울에 실내로 들여놓았더니 온도 차이 때문인지 잎이 다 떨어졌다가 여린 녹색 잎이 다시 나왔다. 환경이 바뀌면 식물도 몸살을 하는가 보다.

또 밖에 내놓으면 찬바람에 어린잎이 떨어지면 어떻게 하나, 어린애기 볼같이 보드라운 잎을 보며 사랑스런 눈길을 보낸다.

언덕 위에 하얀 집

금년 여름은 몹시도 더웠다.

자녀들 삼 남매 손자 손녀들 하고 물놀이를 가기로 했다. 어렵게 날짜를 맞추어 놓고 내가 예약을 했다. 다행히도 친목 계원 한 사람이 가평에다 펜션을 지었다. 놀러 오라고 해서 저렴하게 예약을 했다. '언덕 위에 하얀 집' 말만 들어도 하얀 꿈이 살아나는 듯 낭만적이다.

길이 막힐 거라며 새벽에 떠나자고 해서 우리는 작은아들 차로 6시에 출발했다. 중간 휴게소에서 모두 만나 볼 일을 보고 각자 챙겨온 과일도 나누어 먹었다. 모두 다 처음 가는 길이지만, 내비게이션이 주소를 설정해 놓으면 알아서 길을 안내하는 것 같다. 참 좋은 세상이다. 많이 막히지 않았는데도 12시가 되어서야 도착했다. 생각보다 먼 거리다.

시골의 녹색 들판과 병풍같이 둘러싸인 산촌이 우리를 품에 안는 것 같다. 꾸불꾸불 뱀 허리를 타고 가듯이 승용차 세대가 가다보니 먹을거리 식당 간판들이 많이 있는 게 관광지라는 것을 알려준다. '언덕 위에 하얀 집'이 보였다. 정말 운치가 있는 것 같다. 하얀 색으로 뾰쪽 뾰쪽 하니 예쁜 집이다. 언덕 밑으로는 개천이 흐르고 있었다. 들어오는 입구보다 안쪽으로 들어와서 땅 값이 더 비싸다고 한다. 청정지역이라고.

아래층 큰 평수를 얻었으므로 짐을 풀고 작은아들네가 준비해온 카레를 해서 점심을 먹고 개울가로 나갔다. 어린애들 데리고 놀기 좋게 해놓았다. 한쪽에는 젊은이들 팀이 온 것 같은데 고기를 잡는다고 야단이다. 고기래야 피라미나 다슬기 정도인데, 어쩌다 피라미 한 마리 잡으면 즐거워 야단들이다.

우리 애들은 어느새 가지고 온 튜브를 타고 풍덩 풍덩 물장난을 치며 놀고 있다. 며느리들도 반바지를 입은 채 물로 뛰어들었다. 나도 혹시나 하며 수영복을 속에다 입고 위에다 원피스를 입었는데, 뜨거운 햇빛 아래 시원한 물이 나를 유혹하여 물로 뛰어들었다. 놀다보니, 사위보기가 좀 민망스러웠지만 할 수 없었다. 물속에 가만히 있으면 하얀 속살이 안 보이겠지 하고 물속에만 있었다. 그래도 즐거웠다. 아이들 노는 것만 보아도….

옛날 아이들 어릴 적 추억이 떠오른다. 애들 초등학교 다닐 때다. 삼 남매가 수영복을 입고 튜브를 갖고 찍은 사진이다. 살같이 빠른 세월을 그 누가 막을 수 있으랴. 그때는 내가 삼십 대 중반쯤 되었는데 어느새 육십 대 중반이 된 것이다. 이렇게 늙고 할머니가 되었지만, 두 며느리와 사위, 손자, 손녀가 모이면 즐거워서 내 나이도 잊어버리고 같이 논다.

저녁에는 밖에다 숯불을 피워놓고 사가지고 온 고기와 감자, 옥수수도 구워서 먹으며 포두주도 한 잔씩 했다. 이야기꽃을 피우느라 모기가 왱왱 거리는 것도 아랑곳없었다. 온천지가 캄캄하지만, 밤하늘에 수놓은 별들이 반짝반짝 속삭이고 우리들은 노랫가락이 절로 흘러 나왔다. 이렇게 시간이 흐르고 보니, 며느리들이 시아버지와 함께한 자리가 불편할 거라는 생각이 들었다. 모처럼 휴가를 내었는데, 직장과 가정과 아이들 돌보느라 눈코 뜰 사이 없다가 낸 귀중한 시간까지 빼앗는 것 같은 생각이 들었다. 나는 아이들 잠재운다며 방으로 들어왔다. "여보!" 하며 남편을 불러댔다. "그만 들어오세요." 그래도 눈치가 없는 남편은 자기가 한창 잘나갈 때 이야기 하느라 정신이 없다. 딸 역시 "엄마! 아빠 왜 불러." 괜찮다고 하니, 들어올 생각을 않는다. 딸이나 아들은 괜찮지만, 며느리들은 모처럼 남편과의 즐거운 시간 갖기를 원할 것이다. 젊은 사람들끼리 노래도 부르고, 모처럼 좋은 공기 마시며 각박한 도시의 찌든 때도 씻어버리며 직장에서 밀린 업무나 상사의 눈치 볼 일도 없고 아름다운 추억을 남길 수도 있을 것인데…. 내년에는 또 같이 휴가를 가자고 할는지….

다음날은 아침을 부지런히 먹고 설거지해서 그릇을 제자리에 챙겨 놓아야 했다. 사위와 아들들이 설거지를 아주 잘한다. 음식물 쓰레기도 분리해서 잘 버린다. 제 아내들을 생각해서 그러겠지. 아이들을 데리고 물가에 한 번 더 가고 싶었지만, 다음 손님한테 한 시까지 방을 비워 주어야 했다. 아쉬움을 남긴 채 떠나오는 수밖에 없었다.

녹음이 우거진 산천이 잘 가라고 하며 또 오라고 손짓하는 것 같았다. 아니, 먼 기억 속에 하얀 행주치마 입은 할머니의 따스한 손 흔들림 같았다.

언덕 위에 하얀 집이 산촌에 살던 할머니의 하얀 행주치마로 보였다.

인터넷 게임

그날따라 지방에 갔다 오는 길이라 피곤하여 버스에 올라타자마자 경로석을 두리번거렸다. 젊은 아가씨, 청년, 학생 할 것 없이 경로석 의자에 앉아 핸드폰에 정신이 팔려 옆에 노인이 서 있건 말건 아랑곳하지 않는다.

기분이 좀 상했지만, 마음을 바꾸어 생각하니 직장에서 상사의 눈치 보며 업무에 시달리다보면 나보다 더 피곤할는지도 모른다 싶었다. 그래서 괜찮은 듯 눈길을 다른 데로 돌리고 서 있었다. 몇 정거장 가다보니 자리가 나서 얼른 가서 앉았다.

내리는 사람들을 보고 있자니, 키가 훤칠한 아가씨의 희멀건한 다리 끝의 팬티까지 보인다. 뒤따라 하차하려는 노신사, 딸 같은 여자의 허연 다리가 민망했는지 눈 둘 데를 몰라 고개를 돌리며 내린다. 요즈음같이 험한 세상에 여자들이 자기 몸단속을 잘 해야 하는데 걱정이다.

뒤이어 조금 전 경로석에 앉아서 게임에 열중하던 청년이 내린다. 뒷주머니에서 이어폰 줄을 꺼내어 귀에 꽂는데 뒤쪽 주머니에서 손바닥만 한 지갑이 땅에 떨어졌다. 음악에 몰두하여 정신없이 가고 있다. 순간, 내가 지갑이라도 떨어뜨린 양, 어찌 할 바를 모르다가 창문을 열고 "여보세요, 지갑 떨어졌어요!" 하고 소리를 질렀다. 주위 사람들은 뒤를 돌아봐도 그 청년은 그냥 가고 있다. 나는 또 있는 힘을 다해 더 큰소리를 쳤다. 그때야 뒤를 돌아본 청년은 얼굴이 빨개지더니 뒤돌아 와서 지갑을 집어갔다.

옆에 앉은 아즈머니가 "참 잘했어요, 어떻게 봤어요?" 한다. 나도 참 잘했다고 생각했다. 그 지갑 속에는 카드나 신분증, 얼마간의 돈도 들어 있었을 것이다. 만약 모르고 갔다면 얼마나 난감했을까, 정말 다행이다. 소리칠 때는 부끄러웠지만, 아들 같은 사람한테 나잇값을 한 것 같았다. 때로는 경로석에 앉았던 중년이 나를 보고 나이가 더 들어 보이는지, 자리를 양보해주면 오히려 미안하여 내가 나잇값이나 하는 것일까, 스스로 반문 할 때도 있었다. 그런데 오늘은 나잇값을 톡톡히 한 것 같다.

버스 안에서도 그때야 방송이 나온다. 소지품 조심하고 확인하라는 내용이다. 소란 떠는 바람에 운전기사도 무슨 일이 일어난 것을 알았나 보다. 요즈음 젊은이들이 인터넷게임에 너무나 중독되어 있다. 아까 그 청년도 게임에 빠져 지갑도 잊어버릴 뻔했으니….

얼마 전 딸네 집에서 3남매가 모였었다. 미국에서 유학하는 외손녀 둘이 방학해서 왔으니 저녁이나 같이 먹자고해서다. 그때 큰아들네 일곱 살짜리 손녀가 가지고 놀던 게임기를 이제 두 돌이 돌아오는 외손자한테 선물하였다. 녀석은 저 혼자 앉아서 고개를 숙이고 손가락으로 콕콕 누르고 재미있어 하며 놀고 있었다. 웃음이 나왔다.

또 40이나 된 작은아들도 핸드폰 게임에 정신이 팔려있다. 무엇을 하는가 보았더니, 만화 같은 사람이 나오면 상대편을 톡 쳐서 없어지게 하는 것이다. 무슨 재미로 하는지, 이해가 안 된다. 어른이 게임하고 있으니 아이들 보고 못하게 할 수가 없다. 오랜만에 형제끼리 모이면 해야 할 말도 많을 텐데, 게임이 더 재미있는 것일까.

요즈음 젊은이들은 인터넷 중독에 빠져있다. 그러다보니 정서는 메말라가고 자기중심적이며 독선적이고 이해심이 부족한 것 같다. 청소년들의 게임 중독이 심각해져 학교에서도, 사회에서도 문제가 되고 있다. 청소년들과 젊은이들이 우선해야 할 것은 독서와 사색이 아니겠는가.

내가 청소년이었을 때만해도 친구들과 뒷동산에 올라가 김소월 시집을 옆에 끼고 「진달래」를 외우며 뽐냈었다. 5월이면 바람에 출렁이는 보리밭을 보며 「보리밭」이란 가곡을 부르고, 파란 하늘에 떠있는 뭉게구름 속에 놀았다. 그 시절이 그립다. 아니, 그 시절로 청소년들을 보내고 싶다.

발문

오창익

(文博 · 創作隨筆 발행인)

김은성의 수필에는 우리 전통수필의 맥을 잇는 '관조(觀照)'가 돋보인다. 예컨대, 뜯어진 옷을 꿰매는 짧고 가느다란 실 한 올로 삶을 깁고 인생을 다시 짓는 '지혜'를 관조하고, 옷을 짜는 뜨개질 한 코 한 코로 소중한 삶과 새로운 인생을 무늬 놓는다. 이렇듯 작가는 작고 적은 것으로 크고 많은 것을 빚고 지어내는 지혜로 수필을 쓴다. 작품 「뜨개질」과 「바늘귀」가 좋은 예다.

뿐만 아니라 김은성 수필에서는 자기 성찰과 의미부여가 번득인다. 예컨대, 오래된 음식물로 꽉 들어찬 냉장고를 청소하면서는 오욕(五慾)으로 무거워진 자신의 속내를 투영함으로써 자신을 성찰하고, 아울러 깨끗이 비워낸 냉장고를 통해 소통과

자유함을, 비움으로써 다시 채워지는 순수를 자기화 그를 주제로 의미화 한다. 또한 목욕탕에서 미끄러져 오른손을 다쳐 깁스를 하고서야 마침내 손의 고마움을, 아니 평소 소홀히 했던 손에 대한 죄스러움을 반성한다. 철저한 자기성찰이 확실한 공감을 자아낸다. 작품 「오른손의 고마움」과 「냉장고 고장」이 좋은 예다.

또한 성령이나 성경의 말씀들을 생활화하는 진실성이 묻어나 공감을 준다. 예컨대, "자기 마음을 다스리는 자는 하나의 성(城)을 빼앗는 것보다 낫다."라는 성경 말씀을 바로 자기 삶에 접목하여 "주님, 감사합니다. 내 생명을 연장시켜 주셨는데, 밥그릇 수만 늘리지 말고 약한 자를 바라보며 살게 하소서."라고 성실하게 작품화한다. 아니 생활화한다. 그래서 그의 수필은 늘 살아 숨쉬고 있다. 작품 「두 번 피는 꽃」이 좋은 예다.